DAS GNAUCK-BUCH

Das Gnauck-Buch

Aus Franken nach Ostsachsen und in die USA

Uwe Fiedler

Bischofswerda, 2023

Impressum

Redaktionsschluss: 5. September 2023

Das vorliegende Werk stellt eine Forschungsarbeit im Sinne gemeinnütziger Heimatforschung dar. Der Autor verfolgt kein Gewinnstreben.

Umschlagsgestaltung, Layout, Satz: Dr. Uwe Fiedler, Bischofswerda
Foto Umschlag: Blick von Großdrebnitz über Kleindrebnitzer Flur und das Tal der Wesenitz bis nach Goldbach
Abbildungen: Dr. Uwe Fiedler: 8, 10, 12, 14, 16, 19, 23, 25, 26, 40, 42, 43, 78; heimatkundliches Archiv Frank Fiedler: 21, 31, 33, 34, 36, 45; Familienarchiv Brunhilde Fiedler: 39, 47, 48, 51, 52, 55; Wikimedia Commons: 58, 60, 65, 105; Deutsche Fotothek Dresden: 28; Sächsische Landes- und Universitätsbibliothek: 63; Afranisches Ecce: 73: San Francisco Call: 83, 84; Wisconsin alumnus: 92; The Arrow: 97; Kristi Evans: 99

Herstellung und Verlag: BoD – Books on Demand, Norderstedt
ISBN 978-3-7578-6131-5
Die Deutsche Nationalbibliothek verzeichnet diese Publikation in der Deutschen Nationalbibliografie; detaillierte bibliografische Daten sind im Internet über dnb.d-nb.de abrufbar.

Inhaltsverzeichnis

Die Herkunft des Familiennamens Gnauck

Ein fränkischer Name in Ostsachsen

Die Herkunft des Familiennamens „Gnauck" wurde in der Wissen schaft lange als sorbisch bestimmt.[1] Man hatte eine auffällige Häufung zwischen Dresden und Bautzen beobachtet und auch Ableitungen von sorbischen Begriffen schienen möglich. Infrage sollten „genuoc", sorabisiert aus genug oder hinreichend, beziehungsweise „gnev" (der Zornige) kommen. Dies würde in der Konsequenz bedeuten, dass man „Gnauck" als ursprünglich sorbischen Familiennamen vor allem in originär sorbischen Siedlungsgebieten vermuten würde. Genauere Untersuchungen zeigen stattdessen, dass sich „Gnauck" auch direkt aus einem deutschen Wort ableiten lässt und dass der Verbreitungsschwerpunkt dieses Familiennamens viel enger zu fassen ist und zudem in einem ostsächsischen Gebiet mit minimaler sorbischer Ursprungsbesiedlung liegt.

Das Deutsche Wörterbuch der Gebrüder Jacob und Wilhelm Grimm leitet „gnauken" aus dem Unterfränkischen für „bejahend nicken" bzw. „beim Einschlafen im Sitzen den Kopf sinken lassen" ab. „Naucken", „nauggen", „gnaug(g)en" und „knaucken" sind in diesem Sinne Synonyme.

Untersuchungen zur regionalen Verbreitung des Familiennamens „Gnauck" verweisen systematisch auf eine Konzentration im Raum Bischofswerda. Zudem gibt es Hinweise auf eine noch größere relative Häufigkeit in den unmittelbar zu Bischofswerda benachbarten Ortschaften Goldbach, Weickersdorf und Kleindrebnitz:

1. In der Datenbank der Kirche „Jesu Christi der Heiligen der Letzten Tage" fand der Autor im Jahre 2008 bei 549 historischen Datensätzen mit einem Namensträger „Gnauck" und einer Ortsangabe für Deutschland 406 Datensätze mit einem Bezug auf Bischofswerda oder Dörfer innerhalb eines Umkreises mit einem Radius von 5 km (Goldbach, Schönbrunn, Klein- und Großdrebnitz, Geißmannsdorf,

1 Meyers Lexikon online, 2009

Die Geschichte der Nürnberger Kaiserburg in Mittelfranken reicht bis in die Zeit der deutschen Ostsiedlung zurück.

Schmölln, Weickersdorf, Belmsdorf, Pickau).

2. Eine Adressbuchanalyse für das Jahr 1899 erbringt für Goldbach 4, Weickersdorf 4 und Kleindrebnitz 2, also insgesamt 10 Haushalte mit dem Namen „Gnauck".[2] In dem mehrfach größeren Bischofswerda finden sich 21, weiter nach Osten in dem noch größeren Bautzen 5 und in Görlitz 0 Haushalte „Gnauck". In dem noch viel größeren Dresden im Westen werden für jenes Jahr auch nur 26 Haushalte „Gnauck" aufgeführt, in den beiden anderen sächsischen Großstädten Chemnitz (7) und Leipzig (4) deutlich weniger. Um 1850 hatte es selbst in Dresden erst einen Adressbuch-Eintrag „Gnauck" gegeben.
3. In einem Adressverzeichnis der landwirtschaftlichen Güter Sachsens[3] mit mindestens 15 ha aus dem Jahre 1925 finden sich unter den etwa 15000 Eigentümern/Pächtern/Verwaltern 16 Namensträger Gnauck, davon 2 in Goldbach, 2 in Weickersdorf, 3 in Kleindrebnitz, 2 in Frankenthal und 1 in Rammenau.

2 Adreßbuch des Bezirkes der Kgl. Amtshauptmannschaft Bautzen, 1899

3 Landwirtschaftliches Adreßbuch der Güter und Wirtschaften im Freistaat Sachsen, 1925

Wegen der offensichtlichen Häufung des Familiennamens „Gnauck“ in so einem kleinen Gebiet wie dem Bischofswerdaer Land, das kein originäres sorbisches Siedlungsgebiet darstellt, sondern gekennzeichnet ist durch Waldhufendörfer wie Goldbach, Weickersdorf, Groß- und Kleindrebnitz und Frankenthal, wie sie von den deutschen Ostsiedlern, darunter vor allem aus Franken, im späten Mittelalter angelegt wurden, ist eine sorbische Herkunft des Namens „Gnauck“ äußerst unwahrscheinlich. Und je weiter man mit den Analysen zeitlich zurückgeht, umso mehr verfestigt sich diese Tendenz. Das Phänomen, dass ein Familienname mit fränkischen Wurzeln so stark auf ein kleines Gebiet in Sachsen konzentriert ist, lässt sich durch die zeitlichen Abläufe erklären. Ein Großteil der fränkischen Ostsiedler kam im frühen 13. Jahrhundert zur Zeit von Bischof Bruno II. in das Bischofswerdaer Land, die Zuweisung von Familiennamen begann später unter Bischof Withego I. zum Ende des 13. Jahrhunderts.

Die deutsche Ostsiedlung im Bischofswerdaer Land

Sorbische Besiedlung entlang der Wesenitz von Bischofswerda bis Stolpen

Zu Beginn der deutschen Ostexpansion und Ostsiedlung vom 10. bis 13. Jahrhundert lebten auf dem Territorium des heutigen Sachsens an der Elbe und der Spree Sorben, die Nisaner und Milzener. Politisch standen Nisan und Milska, das als Keimzelle der heutigen Oberlausitz gilt, in der Folge unter dem Einfluss konkurrierender Ansprüche von weltlichen und geistlichen Herrschern in Meißen, der deutschen Zentralgewalt, aber auch der expansiven Bestrebungen von Polen und Böhmen. Das Territorium zwischen den sorbischen Hauptsiedelgebieten an Elbe und Spree war nur dünn bewohnt. Der Gau Nisan umfasste Gebiete südlich und östlich von Meißen. Nicht zu Nisan, sondern zum Gau Milska (Pagus Budessin) gehörte Stolpen, das aber unmittelbar an der Grenze zu Nisan gelegen war. Ebenso ist Bischofswerda mit den westlich gelegenen Goldbach, Weickersdorf und Kleindrebnitz Milska und damit der heutigen Oberlausitz zuzurechnen. Dies wird durch völkerkundliche Aspekte, beispielsweise die geografische Verteilung der Hauptsiedlungsformen

Die Wesenitz trennt Goldbach im Norden von Weickersdorf im Südosten und Kleindrebnitz im Südwesten (Blick nach Süden). Die Überquerung der Wesenitz stellte wegen des sumpfigen Umlands zur Zeit der Ostsiedlung häufig eine Herausforderung dar.

in der Region, aber auch durch naturtopographische Untersuchungen gestützt.[4,5]

Die Wesenitz verlief von der Quelle bis Bischofswerda entlang der westlichen Grenze des slawischen Kernsiedelgebiets um Bautzen. Nach Stolpen als westlichen Vorposten Milskas gab es sicher eine Wegeverbindung, die in ihrem Verlauf vermutlich ab Bischofswerda der Wesenitz folgte. Die unmittelbar am Wesenitzlauf gelegenen Gebiete waren nicht völlig menschenleer.[6]

4 Alfred Hennig: „Die Dorfformen Sachsens". 1912
5 Karlheinz Blaschke: „Oberlausitz" (sorabicon.de)
6 Roland Paeßler: „Chronik von Bühlau und seiner Umgebung". 2008, 116 S.

Durch eine slawische Besiedlung ist der sorbische Ursprung des Namens „Drewenitz“ (für Drebnitz) als „Ort im/am Wald“[7] zu erklären. Die natürliche Fischfauna der Wesenitz sicherte die Ernährung der zahlenmäßig wenigen Sorben.[8] Um 969 errichtete Meißens Bischof Burchard an der Wesenitz der Überlieferung nach in einem befestigten Flecken, dem heutigen Bischofswerda, eine Kapelle als Missionsstation. Die deutsche Ostexpansion jener Zeit war stark missionarisch geprägt, zivile Ostsiedler gab es kaum.

Es ist kaum vorstellbar, dass die relativ schnelle Unterwerfung der Milzener im 10. Jahrhundert möglich gewesen wäre, wenn die Deutschen erst hätten neue Wege durch den Urwald anlegen müssen. Für einen vorhandenen Weg entlang der Wesenitz sprechen die geringe Entfernung sorbischer Siedlungsgebiete nahe Stolpen bzw. Bischofswerda und dass die Wesenitz einer der bedeutendsten Wasserläufe vom westlichen Rand des Milzener-Kernlandes in Richtung Elbe ist. Die Flächen um die naturbelassenen Wesenitzmäander westlich von Bischofswerda werden auch heute noch regelmäßig überflutet. Eine historische Wegeverbindung nach Stolpen verlief deswegen hier sicher in einigem Abstand, um das sumpfige Gebiet zu umgehen. Optimal geeignet erscheint das südliche Hinterland der Wesenitz, das sich zwischen Bischofswerda und Weickersdorf sanft erhebt. Demnach könnte der heutige Straßenverlauf Bischofswerda–Weickersdorf–Kleindrebnitz–Bühlau den mittelalterlichen Gegebenheiten nahe kommen.

Deutsche Ansiedlungen im Westen von Bischofswerda

Das zwischen Bischofswerda und Stolpen liegende Territorium war anfangs dunn besiedelt (deutsche Erweiterungssiedelungen kleiner slawischer Dörfer) oder gar nicht bewohnt (deutsches Neusiedelgebiet). Die deutschen Ostsiedler legten die Dörfer typischerweise in Waldhufenform an. Die Ortschaften Goldbach (Goltbach) und Weickersdorf

7 Heinz Schuster-Šewc: „Zur Lokalisierung der in der Schenkungsurkunde Heinrichs II. (1006) genannten drei Kastelle: Ostrusna, Trebista, Godobi“. In: Letopis, Bd. 53, H. 2, 2006, S. 67–72

8 Frank Fiedler: „Zu den Veränderungen der Fischfauna in der ehemaligen Äschenregion der Wesenitz (1591–1989)“. Sächsische Heimatblätter 2, Zeitschrift für sächsische Geschichte, Denkmalpflege, Natur und Umwelt, Verlag Klaus Gumnior Chemnitz, S. 127–133, 2003

Blick vom Goldbacher Kirchberg über das Tal des Wesenitz in Richtung Süden auf die Ausläufer des Oberlausitzer Berglands. Im halbrechten Teil des Bildhintergrundes ist der Rüdenberg zu sehen. Der Bildausschnitt umfasst im Wesentlichen die 1834 von Albert Schiffner beschriebene Fläche „Trebnitz“: im mittleren Teil befinden sich die Ortschaften Weickersdorf sowie Groß- und Kleindrebnitz. Über den Goldbacher Berg verlief die Route der „Frankenstraße“. Nördlich des Goldbacher Berges liegt Frankenthal, östlich, links außerhalb des Bildes, die Stadt Bischofswerda.

(Uikerisdorf) wurden offenbar von Neusiedlern angelegt. Bei Frankenthal (Frankintal) ist die Herkunft der Siedler bereits im Namen sichtbar.

Historisch ist eine Fläche „Trebnitz“ /“Drebnitz“[9] überliefert, die sich vom „Trebnitzer Berg“ im Südwesten von Bischofswerda (am heutigen Drebnitzer Weg) über die Dörfer Weickersdorf sowie Groß- und Kleindrebnitz weiter südwestlich bis an einen ebenfalls Trebnitzer Berg genannten Bergrücken vor Lauterbach erstreckte.[10] Entlang des „Trebnitzbaches“ bzw. des Weickersdorfer Baches legten die deutschen Ostsiedler, von der Wesenitz kommend, in südlicher Richtung Kleindrebnitz und Weickersdorf als Waldhufendörfer an.

1209 wurde Bruno II. Bischof von Meißen. Unter ihm kam 1218 Stolpen in den Besitz des Hochstifts Meißen. In Bautzen ließ er eine Kollegiatkirche errichten. Das Bautzener Stift festigte den Einfluss der Kirche

9 Carl Julius Marloth: „Chronik von Groß- und Kleindrebnitz“ (1504–1869).
10 Albert Schiffner: „Ueber die Oberlausitzische Grenzurkunde von 1213 (1228, 1241)“. In: Neues Lausitzisches Magazin, Bd. 12, Görlitz 1834

in Milska. Zur Zeit von Bischof Bruno II. erreichte die Ostsiedlung im Bischofswerdaer Land ihren Höhepunkt. Die Gegend fand Anschluss an das überregionale Straßennetz. Die „Frankenstraße“ stellte eine Verbindung her von Franken über Zwickau, von wo die Via Imperii nach Leipzig abzweigte, das Erzgebirge, Dresden bis nach Bautzen, wo sie auf die Via Regia traf. Ein Großteil der fränkischen Siedler kam in der Spätphase der deutschen Ostsiedlung sicher über diese Straße, die über den Goldbacher Berg führte, in das Bischofswerdaer Land.[11]

Das Gebiet um den Zusammenfluss des Drebnitzer und des Weickersdorfer Baches sowie der Einmündung von Süden in die Wesenitz wurde später großflächig für die Teichwirtschaft genutzt.[12,13] Zwischen der Wesenitz bei Goldbach und Weickersdorf nahe der Ortsgrenze zu Kleindrebnitz erhebt sich eine Anhöhe („Am Goldbacher Berg“), die nördlich vom Lauf der Wesenitz, südlich aber vom Gewässersystem Weickersdorfer und Drebnitzer Bach begrenzt wird.

Bischofswerda – Stadt der Bischöfe

Bischofswerda war dem Namen nach früh zu einem Zentrum der bischöflichen Aktivitäten in Ostsachsen geworden. Die Meißner Bischöfe zeichneten nicht nur für die Missionierung der sorbischen Gebiete verantwortlich, sondern übten in großen Bereichen mit dem Hochstift auch die Landesherrschaft aus und warben Zuwanderer aus deutschen Altsiedelgebieten an. Eine seinerzeit große Bedeutung von Bischofswerda (Biscofiswerde), auch im Vergleich zu Stolpen, lässt sich aus der Ersterwähnung im Jahre 1227 als Gerichtsort von Bruno II. (Bischof 1209–1228) schließen.[14] Die Gründung Bischofswerdas erfolgte also sicher nicht als Nebengebiet zu Stolpen, zu dessen Amtsbereich es später

11 Roland Paeßler: „Chronik von Bühlau und seiner Umgebung“. Fa. Seifert (Hrsg.), 2008, 116 S.

12 Frank Fiedler: „Historische Teichwirtschaft im Raum Bischofswerda“. Zwischen Wesenitz und Löbauer Wasser 3, Heimatblätter des Landkreises Bautzen, S. 41–49, 1998

13 Frank Fiedler: „Zeugnisse früherer wirtschaftlicher Tätigkeit am Laufe des Weickersdorfer Wassers“. Zwischen Wesenitz und Löbauer Wasser 4, Heimatblätter des Landkreises Bautzen, S. 3–7, 1999

14 Karl Wilhelm Mittag: „Chronik der königlich sächsischen Stadt Bischofswerda“. May Bischofswerda, 1861

Blick aus Richtung des ehemaligen „Trebnitzer Berges“ im Südwesten von Bischofswerda über die überlieferte Fläche „Trebnitz“ mit Weickersdorf und Großdrebnitz bis zu den Bergen vor Lauterbach.

gehörte. Vermutlich begann der Aufstieg schon zur Zeit von Benno (Bischof 1066–1106). Als sich Hieronymus Emser, Geheimschreiber und Kaplan im Dienste von Herzog Georg, im frühen 16. Jahrhundert in dessen Auftrag um eine Heiligsprechung Bennos bemühte, sammelte er auf Reisen durch Sachsen und Böhmen vor Ort Nachrichten über den Bischof. Nach Emser soll Benno 1076 in Bischofswerda eine Kirche erbaut haben, die er reichhaltig mit Reliquien ausstattete und die zum Wallfahrtsort wurde, und den Ort zur Stadt erhoben haben.

Wegen der wachsenden Bevölkerungszahl mussten im Bistum Meißen neue Verwaltungsstrukturen eingeführt werden. In zwei Jahrhunderten deutscher Ostsiedlung hatte sich bis 1300 die Bevölkerung auf dem Gebiet des heutigen Sachsens von 30000 auf 300000 etwa verzehnfacht.[15]

15 Enno Bünz: „Wie die Deutschen nach Sachsen kamen – Einwanderung im Zuge der mittelalterlichen Ostsiedlung“. Institut für Sächsische Geschichte und Volkskunde

Die große Bedeutung von Bischofswerda widerspiegelt sich darin, dass es Sitz eines Erzpriesters wurde, der nicht nur für Bischofswerda zuständig war, sondern auch die umliegenden Gemeinden Hauswalde, Großröhrsdorf, Rammenau und Frankenthal im Nordwesten, Burkau, Uhyst und Pohla im Nordosten, Drebnitz, Rückersdorf und Harthau im Westen, Schmölln im Osten sowie im Süden Putzkau, Ottendorf und bei Schluckenau die Gemeinden Kaiserswalde, Königswalde, Röhrsdorf und Rosenhain beaufsichtigte.[16]

Im Zusammenhang mit der herausgehobenen Bedeutung von Bischofswerda ist auch die lange währende Diskussion um die Lokalisierung des im Jahre 1007 ersterwähnten Kastells Trebista zu sehen.[17] Der Autor argumentiert mit Hinweis auf die fehlende Ableitbarkeit des Ortsnamens aus Trebista bzw. die nicht vorhandene strategische Lage gegen die lange als aussichtsreiche Kandidaten gehandelten Doberschau bzw. Groß-/Kleindrebnitz. Für Bischofswerda sprechen stattdessen neben der großen Bedeutung der Stadt für die Meißener Bischöfe im Mittelalter die strategische Lage an einer Wesenitzbiegung mit einem sumpfigen Umlaut und Hinweise auf eine große, zunächst unerschlossene Fläche „Trebnitz" im Westen der Stadt, die sich über Weickersdorf und Kleindrebnitz erstreckte. Ausgangspunkt dieser Fläche und damit mögliche Lokalisierung des Kastells Trebista wäre demnach die Anhöhe des heutigen „Drebnitzer Weges", die ca. 40 Meter über dem Flusslauf der Wesenitz gelegen ist. Falls das Kastell Trebista doch weiter westlich zu suchen sein sollte, erscheint nicht Kleindrebnitz, sondern eher jene Anhöhe zwischen Weickersdorf und Goldbach interessant, die südlich von Goldbach 20 Meter über Lauf der Wesenitz gelegen ist und von der weiter südwärts die spätere Besiedlung der Waldhufendörfer Weickersdorf und Kleindrebnitz ausgegangen sein könnte.

---

16 Ernst Friedrich Moritz Tobias: „Das gute Recht der evangelischen sächsischen Lausitz auf Einführung des Ephoral-Instituts". Neues lausitzisches Magazin, 1866

17 Uwe Fiedler: „Die deutsche Ostsiedlung zwischen Elbe und Spree. Bischofswerda, Trebista und die Wesenitz", 2017 (archive.org)

Bischofswerda behielt seine herausgehobene Bedeutung für die Meißener Bischöfe bis in die Zeit von Withego I. (Bischof 1266–1293) zum Ende der deutschen Ostsiedlung, als das Tragen von Familiennamen noch nicht allgemein üblich war. In jener Zeit, im späten 13. Jahrhundert, wurde von Withego I. die Fronfeste am westlichen Stadtrand von Bischofswerda errichtet.

Zur Vergabe der Familiennamen

Zur Zeit der deutschen Ostsiedlung war das Tragen von Familiennamen noch nicht üblich. Die Zuweisung von Beinamen zu den Rufnamen begann zur Zeit von Bischof Withego I. im späten 13. Jahrhundert. Zum Ende des 14. Jahrhunderts hatten sich in Bischofswerda reguläre Familiennamen durchgesetzt, beispielsweise bei den Bürgermeistern Heinemann Merckel und Herrmann Pucher.[18] Die standardmäßige Vererbbarkeit der Familiennamen entwickelte sich bis in das 15. Jahrhundert. Aber noch im 17. Jahrhundert gab es Änderungen in der Schreibweise.[19] Neben den Namen der Väter (anfangs), Berufen und Ortsbezeichungen gehörten Übernamen aus persönlichen Eigenschaften (siehe „Kraushaar“) zu den bevorzugten Quellen der Beinamen.

Auch wenn das Gebiet östlich der Elbe zu Beginn der deutschen Ostsiedlung sorbisches Siedlungsgebiet war, ist bei Betrachtungen zur Herkunft von Familiennamen zu beachten, dass sich in jener Zeit, bis Familiennamen zugewiesen wurden, die Bevölkerungszahl durch deutsche Neusiedler erheblich erhöht hatte.

Da es sich beim „Gnauken“ um ein sehr persönliches Merkmal handelt, ist der Übername „Gnauck“ vermutlich anfangs nur einmal vergeben worden. Alle Namensträger wären demnach Nachfahren eines fränkischen Einwanderers in die Region um Bischofswerda. Möglicherweise spielten aber auch Nachahmungen auf der Grundlage eines ähnlich klingenden sorbischen Wortes beim Entstehen paralleler Linien eine Rolle. Zudem müssen die benannte Person („Gnauck“) und die benennende (für die das „Gnaucken“ ein Begriff war) nicht zwangsläufig den selben regionalen Hintergrund besessen haben.

18 Michael Pusch, Christian Heckel: „Historische Beschreibung der Stadt Bischoffswerda“. 1713

19 Georg Pilk: „Die Einwohnerschaft Bischofswerda's und seiner Besitzdörfer im Jahre 1661“. Unsere Heimat, Beilage zum Sächsischen Erzähler, 6.2.1925

Die Gnaucks in den Waldhufendörfern Goldbach, Weickersdorf und Kleindrebnitz

Erste Nachweise nach 1550

Der erste Nachweis eines Vorfahrens der Familie Gnauck in der Gegend um Bischofswerda fällt in das 16. Jahrhundert. Ein Mertten Nauck ist erstmals 1559 in Goldbach anlässlich der Übernahme der Stolpener Amtsdörfer durch das Kurfürstentum Sachsen dokumentiert.[1] Er besaß eine Hufe und vier Ruten Land. Außer bei jenem Nauck trat damals kein vergleichbarer Name in den Amtsdörfern bei Bischofswerda auf. Allerdings hatte es offenbar schon zuvor in Goldbach einen Gutsbesitzer Simon Gnauck gegeben, dessen Nachbesitzer 1559 erwähnt wird.

1590 findet sich in Weickersdorf ein Gutsbesitzer Christoff Naugk.[2] In Goldbach wirkte um 1600 ein Merten Gnauck als Schöffe[3] und 1610 besaß ein Hans Gnauck das Lehngericht. Offenbar fand um das Jahr 1600 ein Namenswechsel von Nauck (Naugk) zu Gnauck statt. Ebenfalls um 1600 werden die Gnaucks als bedeutende Familie auf einem der größten Bauerngüter von Kleindrebnitz erwähnt.[4] Ein Martin Gnauck war Salz- und Landfuhrmann bis nach Leipzig und Breslau. Dieses finanziell lukrative Nebengewerbe stellte seinerzeit aber auch eine große Herausforderung dar. Vermutlich waren Christoff Naugk in Weickersdorf, Merten und Hans Gnauck in Goldbach sowie Martin Gnauck in Kleindrebnitz Nachfahren jenes Mertten Nauck des Jahres 1559 in Goldbach. Auch wegen der Häufigkeit des Vornamens „Martin“ hat sich die verwandtschaftliche Zuordnung der Gnaucks aus den Kirchenbüchern von Goldbach und Großdrebnitz als schwierig erwiesen.[5]

1 Georg Pilk: „Die Amtsdörfer bei Bischofswerda“. Unsere Heimat, Beilage zum Sächsischen Erzähler, 9.6.1925

2 Sächsischer Erzähler, 7.10.1905, bzgl. Richterbuch von Weickersdorf seit 1559, von Karl Otto Gnauck dem Dorfarchiv übergeben

3 Einsendung von Jürgen Haufe auf gedbas.genealogy.net

4 Richard Garbe: „Vorarbeiten für eine Dorfchronik von Großdrebnitz“. Unsere Heimat, Beilage zum Sächsischen Erzähler, 11.4./18.4.1938

5 Roland Paeßler: „Die Erbrichter in der Umgebung von Bischofswerda“. Aus mehreren unveröffentlichten Texten des Autors zusammengestellt und bearbeitet von Dr. Uwe Fiedler.

Die Kirchgemeinde Goldbach mit Weickersdorf war vermutlich Ausgangspunkt und ab 1600 Zentrum der Verbreitung der Oberlausitzer Gnaucks.

Die eng benachbarten Dörfer Goldbach, Weickersdorf und Kleindrebnitz waren seinerzeit sehr klein: Goldbach mit einer Flurgröße von 14 Hufen und 29 „besessenen Mann", Weickersdorf mit 4,5 Hufen und 17 Mann und Kleindrebnitz mit 12 Hufen und 16 Mann.[6] Getrennt werden sie durch den Lauf der Wesenitz, Goldbach liegt nördlich, Weickersdorf im Südosten und Kleindrebnitz im Südwesten. Auch die benachbarten Ortschaften im Norden von Goldbach gehörten früh zum Verbreitungsgebiet der Gnaucks (Frankenthal im Nordwesten, Rammenau und Burkau im Nordosten).

Durch eine große Kinderzahl sowie eine überdurchschnittliche Überlebensrate verbreiteten sich die Gnaucks in der Umgebung von Goldbach außerordentlich schnell. In der Kirchgemeinde Goldbach, zu der auch Weickersdorf gehörte, bestanden Ende des 16. Jahrhunderts bereits vier Stammlinien. Zwischen 1604 und 1712 sind im Taufregister 95 Geburten von Familienmitgliedern verzeichnet.[7]

Zur Geschichte der Erbgerichte

Die Richterfamilien in den neu besiedelten deutschen Ostgebieten waren häufig die Nachfahren von Lokatoren, also der Treckführer. Ihnen oblag die Ortsgründung im neu erschlossenen Gebiet, sie wirkten als Dorfoberhäupter und sie organisierten den weiteren Siedlungsausbau. Dafür wurden ihnen bestimmte Fronleistungen erlassen, in Kleindrebnitz, wo das Erbgericht um 1490 erstmals nachgewiesen ist, beispielsweise Handarbeitsdienste. Neben der niederen Gerichtsbarkeit erhielten sie als Privilegien auch Schank- und Fischereirechte.

Die Richter besaßen in den lange bischöflichen, dann kurfürstlichen Stolpener Amtsdörfern eine besonders einflussreiche Stellung. Die Ortschaften unterstanden keiner lokalen Feudalherrschaft und die Amtsverwalter von Stolpen fungierten als unmittelbare Vertreter der Landes-

Schiebocker Landstreicher, H. 3, 2008

6 Georg Pilk: „Die Amtsdörfer bei Bischofswerda". Unsere Heimat, Beilage zum Sächsischen Erzähler, 9.6.1925

7 Roland Paeßler: „Die Erbrichter in der Umgebung von Bischofswerda". Aus mehreren unveröffentlichten Texten des Autors zusammengestellt und bearbeitet von Dr. Uwe Fiedler. Schiebocker Landstreicher, H. 3, 2008

Siegel des Erbgerichts Kleindrebnitz.

herren. Sie übten aber lediglich eine Kontrollfunktion aus und führten Gerichtstage durch, ansonsten ließen sie den Ortsrichtern weitestgehend freie Hand, die zudem zwischen Bevölkerung, staatlichen und kirchlichen Autoritäten vermittelten. Eine weitere Besonderheit in den Stolpener Amtsdörfern bestand in der dort häufig anzutreffenden Vererbbarkeit des Richteramtes, weswegen im Unterschied zu den Lehnrichtern, deren Amt nach dem Tod des Inhabers neu beantragt werden musste, es dort vermehrt Erbrichter gab. Seit dem 16. Jahrhundert wurden die vormaligen Erblehngerichte durch „Allodifizierung" in persönliches Eigentum umgewandelt. Es entstanden Erbgerichte.[8]

In Goldbach ist 1732 ein Thomas Gnauck als Ortsrichter im Zusammenhang mit einer Auseinandersetzung mit der Herrin auf Großharthau, Charlotte von Flemming, nachgewiesen.[9] Im 18. Jahrhundert war ein Andreas Gnauck (†1772) Freirichter in Weickersdorf und damit der Vorsitzende des dörflichen Schöppengerichts. Ein Bruder jenes Andreas Gnauck, der Landfuhrmann und Gerichtsschöppe Christoph Gnauck, 1725 in Weickersdorf geboren, ist 1763 auf Besuch bei seinem Bruder Gottfried (1728–1778), einem Gasthalter in Wurzen, verstorben.[10] Die Wurzener Gnaucks waren möglicherweise Vorfahren des späteren Bürgermeisters von Benicia / Kalifornien Gustav Gnauck (1855 Trossin – 1921 San Francisco).

Die Erbrichter waren um eine „gute Verheiratung" der weichenden Erben bemüht. Häufig handelte es sich bei den Ehepartnern um die Kinder anderer Richterfamilien aus den umliegenden Amtsdörfern. Die regionalen Erbgerichtsfamilien bildeten einen regelrechten Ahnenverbund. Die Gnaucks waren beispielsweise vielfach mit den Klahres verwandt, die lange Weickersdorf, Belmsdorf und Großdrebnitz vorstanden. Auch die Erbgerichtsfamilien Hartmann (Weickersdorf), Paeßler (Belmsdorf) und Steglich (Großdrebnitz) gehörten zum Familienverbund.[11]

8 Roland Paeßler: „Die Erbrichter in der Umgebung von Bischofswerda". Aus mehreren unveröffentlichten Texten des Autors zusammengestellt und bearbeitet von Dr. Uwe Fiedler. Schiebocker Landstreicher, H. 3, 2008

9 Sächsisches Staatsarchiv Dresden, 10084 Appellationsgericht

10 Kirchenbuch Wurzen, FamilySearch

11 Karl Steinmüller: „Ahnentafel Wiede", 1940 (im Auftrag von Johannes Wiede, Schwiegersohn von Bruno Steglich)

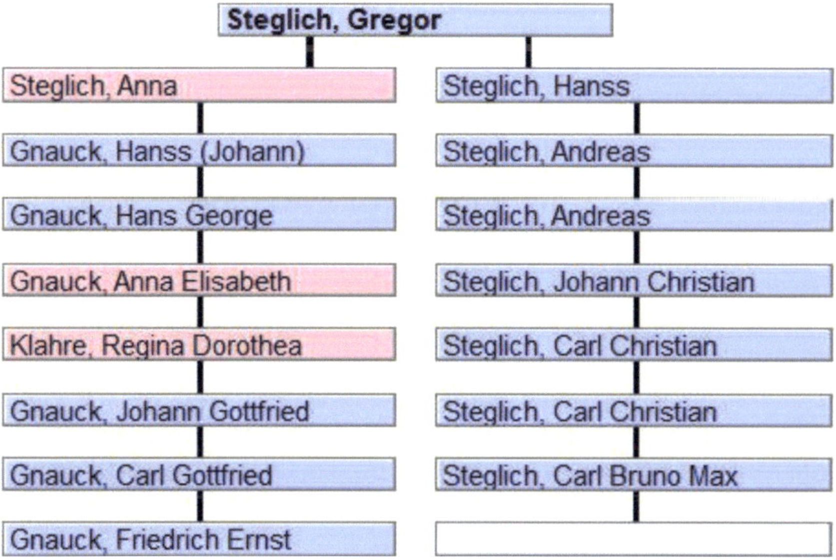

Der Landwirtschaftswissenschaftler Bruno Steglich (9.2.1857 Kleindrebnitz – 28.1.1929 Dresden) war mit den Kleindrebnitzer Gnaucks über gemeinsame Ahnen verbunden (Gregor Steglich, 1581 Langenwolmsdorf – 21.12.1648 Langenwolmsdorf, Bauer, Gärtner, Schlächter und Gerichtsschöppe in Großdrebnitz). Zum Familienverbund gehörte auch die Erbrichterfamilie Klahre.

Der Weickersdorfer und der Kleindrebnitzer Zweig der Familie Gnauck seit dem 18. Jahrhundert

Seit etwa 1600 waren sowohl in Weickersdorf als auch in Kleindrebnitz Familienangehörige der Gnaucks ansässig. Der genaue Ablauf der Ansiedelung, vermutlich von Goldbach aus, ist nicht mehr sicher zu rekonstruieren.

Mitte des 18. Jahrhunderts erlosch der ursprüngliche Kleindrebnitzer Zweig der Familie Gnauck. Ein Johann George Klahre, später Erbrichter in Großdrebnitz, hatte die Erbin Anna Elisabeth Gnauck geheiratet. 1768 brannte das südlich der Mühle gelegene Gnauck'sche Stammgut in Kleindrebnitz ab. Das benachbarte Beigut (Nr. 24, spätere Nr. 9) diente in der Folgezeit als Familiengut.[12]

12 Bruno Barthel: „Altes und Neues aus Groß- und Kleindrebnitz". 1907

Ausgehend von dem Weickersdorfer Bauern und Salzfuhrmann Martin Gnauck (1681–1758) auf dem dortigen Stammgut Nr. 2 entwickelten sich zwei Familienzweige, die über Generationen das Leben in Weickersdorf und Kleindrebnitz prägen sollten.[13]

Mit der sächsischen Landgemeindeordnung des Jahres 1838 und der Wahl von Gemeindevorständen ging die administrative Bedeutung der Erbrichter verloren, ihre Autorität und ihren Einfluss behielten sie aber noch lange danach. Häufig wirkten Angehörige der Erbrichterfamilien sowie Mitglieder alteingesessener Bauernfamilien, so auch der Gnaucks in Weickersdorf und Kleindrebnitz, als Gemeindevorstände, Ortsrichter bzw. Friedensrichter oder auch als Schöffen am Amtsgericht in Bischofswerda bzw. am Schwurgericht in Bautzen. Die Erbgerichte blieben ein Zentrum des dörflichen Lebens.

Der Weickersdorfer Zweig

In Weickersdorf besaßen die Söhne von Martin Gnauck das Gut Nr. 14 (Andreas Gnauck, gestorben 1772) und weiterhin das dortige Stammgut (Nr. 2). Die Besitzer des Stammguts wirkten über mehrere Generationen zudem als Gerichtsschöppen und Salzfuhrleute, so Christoph Gnauck (1725–1763), Adam Gottlieb Gnauck (1753–1813) sowie dessen Bruder Johann Christoph Gnauck (1756–1813, zwischenzeitlich Gut Nr. 14/späteres Gut „Gerth“) und Carl Christoph Gnauck (1791–1865).[14]

Carl Christoph Gnauck (*1791 Weickersdorf, †27.5.1865) war Gemeindevorstand in Weickersdorf um 1850. Zum Familienbesitz hatte bis zum Verkauf 1829 an die Bischofswerdaer Tuchmacherinnung auch eine Mühle gehört (die spätere „Hentschelmühle“). Im Jahre 1848 handelte Gnauck im Auftrag der Gutsbesitzer des Dorfes die Vereinbarung über die Ablösung „der in das Kammergut Rennersdorf zu leistenden Fronen und zu dem Justiz- und Rentamt Stolpen zu entrichtenden Naturalzin-

13 Roland Paeßler: „Die Erbrichter in der Umgebung von Bischofswerda“. Aus mehreren unveröffentlichten Texten des Autors zusammengestellt und bearbeitet von Dr. Uwe Fiedler. Schiebocker Landstreicher, H. 3, 2008

14 Roland Paeßler: „Anmerkungen bei Einsicht alter Unterlagen im Hof Nr. 8 Weickersdorf“. Zusammenstellung an Frank Fiedler übergeben

Der Drebnitzbach ist von besiedlungsgeschichtlicher Bedeutung. Vom Mündungsgebiet in die Wesenitz südwärts erfolgte die Besiedlung von Kleindrebnitz bis nach Großdrebnitz. Der Bach selbst trennt Kleindrebnitzer Flur (westwärts) von Weickersdorfer Flur (ostwärts). Foto: Blickrichtung nordöstlich von der Grenze zwischen Groß- und Kleindrebnitz.

Die Weickersdorfer Gnaucks waren über Fischereirechte, eine angrenzende Wiese und eine Mühle eng mit der Wesenitz verbunden.

sen und zu leistenden Dienste“ aus.[15] 1854 beteiligte sich Weickersdorf unter seiner Leitung an einer Spendenaktion zugunsten des Rettungsheims in Auerbach.[16] Neben seiner Landwirtschaft hatte Carl Christoph Gnauck von der Stadt Bischofswerda Fischereirechte in der Wesenitz gepachtet.[17] Die benachbarte Wiese (am „Walkersteg“) besaß er.[18] Über seine Ehefrau, Christiane Caroline geb. Beyer, bestand laut Forschungen von Roland Paeßler ein Ahnenverbund mit der Familie von Friedrich Bayer, des Gründers der Bayer AG (Wechsel der Namensschreibweise 30.8.1849).[19]

Karl Julius Gnauck (* Mai 1826 Weickersdorf, †21.9.1905 Weickersdorf), ein Sohn von Carl Christoph Gnauck, war mit Auguste Wilhelmine Berge aus Bühlau verheiratet, wo auch ihr erstes Kind geboren wur-

15 Sächsisches Staatsarchiv Dresden, 10002 Finanzverwaltung

16 Leipziger Zeitung, 8.2.1854

17 Sächsischer Erzähler, 8.5.1847

18 Sächsischer Erzähler, 23.5.1860

19 Roland Paeßler: „Ahnenverbund zwischen Friedrich Bayer, Gründer der Bayer AG, Carl Gottlieb Wustmann, Erbauer der „Hexenburg“, und den Familien Paeßler und Voigt mit Johann Gottlieb Fichte“. März 2001

de. 1856 gehörte er zu den Mitbegründern des Vereins „Casino junger Landwirthe".[20] Karl Julius Gnauck wirkte von 1869 bis mindestens 1894 als Gemeindevorstand von Weickersdorf[21] sowie viele Jahre als Ortsrichter. Anlässlich seines 25-jährigen Amtsjubiläums ernannten ihn der Militärverein und der Gesangverein zum Ehrenmitglied. Seit 1893 gab es in Weickersdorf die „Gnauck'sche Kapelle".[22] Karl Julius Gnauck vereinigte das Stammgut (Nr. 2) der Familie mit dem 1868 von den Leuner'schen Erben gekauften Gut Nr. 8, zusammen 68 Hektar. In den 1870er Jahren wirkte er als Schöffe am Schwurgericht in Bautzen.[23] Zudem war Karl Julius Gnauck Sachverständiger für die Schadensermittlung nach Seuchen.

Eine Schwester von Karl Julius Gnauck hatte den Weickersdorfer Erbgerichtsbesitzer Hartmann geheiratet. Ein Bruder, Friedrich August Heinrich Gnauck (1820–1905)[24], wirkte in den 1870er Jahren als Gemeindevorstand von Großdrebnitz[25] und bis 1884 als Friedensrichter für Groß- und Kleindrebnitz.[26] 1887 wurde Friedrich August Heinrich Gnauck Bischofswerdaer Bürger.[27] Hier engagierte er sich im Wirtschaftsausschuss.[28] Seine Tochter Meta Flora war mit dem Belmsdorfer Erbgerichtsbesitzer Carl Paeßler verheiratet und Großmutter des Heimatforschers Roland Paeßler.

Am 19. Juni 1858 wurde in Weickersdorf Max Otto Gnauck als zweites von zehn Kindern des Bauerngutsbesitzers und Gemeindevorstands Karl Julius Gnauck geboren.[29] Er besuchte die Volksschule Goldbach, die Bürgerschule Bischofswerda, ab 1873 das Annenrealgymnasium in Dresden und bis 1879 das Kreuzgymnasium. Nach Ableistung der Militärpflicht und seinem Studium der Geschichte, Geographie und alter Sprachen in Tübingen und Leipzig erhielt er 1887 am Wettiner-

---

20 Sächsischer Erzähler, 26.3.1881
21 Sächsischer Erzähler, 6.1.1894, 2.2.1894
22 Sächsischer Erzähler, 28.3.1933
23 Sächsischer Erzähler, 14.8.1869, Adreßbuch der Stadt Bautzen 1879
24 Sächsischer Erzähler, 26.8.1905
25 Sächsischer Erzähler, 18.12.1875
26 Sächsischer Erzähler, 15.11.1884
27 Sächsischer Erzähler, 23.10.1902
28 Sächsischer Erzähler, 13.1.1903
29 Frank Fiedler: Recherchen beim Ev.-Luth. Pfarramt Bischofswerda

Stammgut des Weickersdorfer Zweigs der Familie Gnauck (Nr. 2, Foto Henrik Ahlers, Deutsche Fotothek, CC BY-SA 4.0).

Gymnasium in Dresden seine erste Anstellung.[30,31] 1891 ging Gnauck als Vikar nach Plauen und heiratete Hulda Emilie geb. Gnauck, eine Gutsbesitzerstochter aus Bischofswerda.[32] Ab 1892 unterrichtete er in Leisnig an der Realschule. Max Otto Gnauck wurde 1893 zum Oberlehrer befördert.[33] Er war Archivar und Vorstandsmitglied im Leisniger Geschichts- und Altertumsverein, dessen Archiv aus seinem Nachlass eine Sammlung alter Landkarten, Chroniken, Porträts und Städtebilder als „Gnaucksammlung“ übernahm.[34] Zudem gehörte er dem „Verein für Sächsische Volkskunde“ an.[35] Im Leisniger Verein hielt er regelmäßig

30 Sächsischer Erzähler, 15.8.1891

31 Franz Kössler: „Personenlexikon von Lehrern des 19. Jahrhunderts“. Bd. Gabel–Guzy, S. 143

32 Amtskalender für die Geistlichen der Sächsischen Evang.-Luth. Landeskirche (zum zweiten Ehemann Erwin Gerber)

33 Dresdner Journal, 18.9.1893

34 Mitteilungen des Geschichts- und Alterthumsvereins zu Leisnig im Königreiche Sachsen, Bd. 13, 1908

35 Neues Archiv für Sächsische Geschichte und Altertumskunde. Bd. 26, 1905

Vorträge, beispielsweise zur Geschichte der Sorben. Mit der königlichen Bibliothek in Dresden stand Gnauck in wiederholter Korrespondenz. Sein bekanntestes Werk, „Odorich von Pordenone, ein Orientreisender des 14. Jahrhunderts" (1895 im Rahmen eines Leisniger Schulprogramms erschienen), ist deutschlandweit in vielen Bibliotheken verfügbar und wird weltweit zitiert. Am 3. Juni 1904 ist Max Otto Gnauck in Leisnig verstorben.

Karl Otto Gnauck (*1.9.1859 Weickersdorf, †27.11.1924), ebenfalls ein Sohn von Karl Julius Gnauck, besaß von 1918 bis 1924 das Rittergut Putzkau. In Weickersdorf war er der Nachbesitzer von Gut Nr. 8, Mitglied im Gebirgsverein für die Sächsische Schweiz[36], langjähriger Vorsteher des Militärvereins Goldbach-Weickersdorf, Jagdpächter und Teichbesitzer mit 51a.[37] 1899 ließ er den Militärverein auf seinem Grundstück an der Grenze zwischen Goldbach und Weickersdorf in der Nähe der Textilfabrik Großmann eine Bismarck-Eiche pflanzen.[38] 1906 erhielt Karl Otto Gnauck eine Anerkennung des Sächsischen Fischereivereins für seine Karpfenzucht[39] und 1922 ein Ehrendiplom des landwirtschaftlichen Kreisvereins Bautzen.[40] 1912 wurde er in Weickersdorf als Gemeindevorstand zum Friedensrichter bestellt.[41]

Karl Hermann Gnauck (*6.9.1872 Weickersdorf, † nach 1936), ebenfalls ein Sohn von Karl Julius Gnauck, war der Nachbesitzer von Gut Nr. 2 sowie ein Teichbesitzer und von 1912 bis mindestens 1928 Mitglied im Kirchenvorstand für Goldbach-Weickersdorf.[42] 1925 erhielt er vom sächsischen Wirtschaftsministerium eine Anerkennungsurkunde für seine Zuchtbullen.[43] 1931/1932 lehnte sich die Kirchgemeinde Goldbach-Weickersdorf mit einem Streik gegen den angeordneten Wechsel als Filialkirche von Bischofswerda nach Großdrebnitz auf.[44] In den 1930er

---

36 Verzeichnis für die Mitglieder des Gebirgsvereins für die Sächsische Schweiz, 1894
37 Emil Adler: „Die stehenden, geschlossenen Fischwässer im Königreiche". 1902
38 Sächsischer Erzähler, 29.4.1899
39 Sächsischer Erzähler, 6.11.1906
40 Sächsischer Erzähler, 19.2.1922
41 Sächsischer Erzähler, 3.11.1912
42 Sächsischer Erzähler, 20.12.1916, 29.2.1928
43 Sächsischer Erzähler, 16.9.1925
44 Dresdner neueste Nachrichten, 9.8.1932

Jahren war Karl Hermann Gnauck stellvertretendes Vorstandsmitglied der Unterhaltungsgenossenschaft für die Wesenitz von Steinigtwolmsdorf bis Großharthau.[45]

Der Kleindrebnitzer Zweig

In Kleindrebnitz übernahm mit Johann Gottfried Martin Gnauck (1753–1798) ein Enkel von Martin Gnauck aus Weickersdorf das Familiengut. Er war mit der Großdrebnitzer Erbgerichtstochter Regina Dorothea Klahre verheiratet. Sein Vater, der Bauer und Landfuhrmann Friedrich Martin Gnauck (1709–1774), war zwischenzeitlich von Weickersdorf nach Bühlau gezogen. Es folgte Johann Gottfried Gnauck (1774–1836).

Carl Gottfried Gnauck (15.10.1802–30.3.1882), der ältere von zwei Söhnen des Johann Gottfried Gnauck in Kleindrebnitz, kaufte das väterliche Gut mit Beigut im Jahre 1834.[46] Der Besitz umfasste 1,5 Hufen Land, Teiche sowie beispielsweise drei Pferde, acht Kühe, einen Bullen, sechs Kalben und ein Schwein. Nach der sächsischen Landgemeindereform war er der erste gewählte Gemeindevorstand (1839–1851) sowie Ortsrichter[47] in Kleindrebnitz. Die Feudallasten auf seinem Gut löste er bis 1843 beim Rentamt ab. Gnauck kaufte 1849 zusätzlich zum Familiengut das Kleindrebnitzer Erbgericht vom Rennersdorfer Kammergutsverwalter Johann Gottfried Nake.[48] Es verblieb für drei Generationen im Familienbesitz. Carl Gottfried Gnauck verfügte damit über einen Landbesitz von insgesamt 41 Hektar. Große Sorgfalt widmete er der Ausbildung seiner Kinder. Weil in Großdrebnitz der Lehrer für 136 Schüler zuständig war, schickten die Eltern ihren Sohn Ernst nach Bühlau zur Schule, um ihm einen optimalen Unterricht angedeihen zu lassen. 1849 bzw. 1857 wurden mit dem Forstwissenschaftler Max Neumeister und dem Agrarwissenschaftler Bruno Steglich die beiden berühmtesten Söhne

45 Sächsischer Erzähler, 22.10.1936

46 Kaufvertrag vom 18.2.1834 beim Amt Stolpen

47 Die große Anerkennung, die Ortsrichter seinerzeit genossen, lässt sich auch daran ermessen, dass Carl Gnauck vom „Breslauer Universum" überregional für Werbezwecke zitiert wurde.

48 Uwe Fiedler: „Der königlich-sächsische Schafzüchter Johann Gottfried Nake". Books on Demand, 2016

Das Erbgericht Kleindrebnitz (um 1890), Ernst Gnauck mit Mutter Eleonora Carolina geb. Richter (1818–1894) aus Weickersdorf und Ehefrau Emma geb. Friebel (1855–1932) aus Altstadt sowie Schwiegervater Friebel.

von Kleindrebnitz geboren.[49] Sicher gehörten die Eltern zu den Gästen in Gnaucks Erbgericht.

Aufgrund der familiären Situation – es hatten außer ihm nur noch Schwestern überlebt – kaufte Ernst Gnauck (*22.9.1852 Kleindrebnitz, †1.12.1927 Kleindrebnitz) im Jahre 1875 beide Güter von seinem Vater. Er wurde als Gemeindeältester und Stellvertreter des Gemeindevorstands in den Gemeinderat und am 5. März 1887 zum Gemeindevorstand von Kleindrebnitz gewählt. Dieses Amt hatte er für die außergewöhnlich lange Zeit von 32 Jahren inne.[50] Zu den Selbstverständlichkeiten im Gemeinderat unter Gnauck gehörte es, Bedürftige zu unterstützen. Die „Armenkasse" wurde mit ausreichenden Mitteln ausgestattet. In Notfällen, z. B. nach Bränden, bei Erwerbslosigkeit oder nach der Geburt unehelicher Kinder, erhielten die Betroffenen unbüro-

49 Uwe Fiedler: „Zwei Professoren aus einem kleinen Dorf." Schiebocker Landstreicher, H. 4, 2009, S. 9–15

50 Sächsischer Erzähler, 6.4.1919

kratische Hilfe.[51] 1891 wurde Ernst Gnauck zum Hauptschöffen an das Amtsgericht Bischofswerda gewählt.[52] Er war Mitglied im Kirchen- und im Schulvorstand für Groß- und Kleindrebnitz und vertrat die Gemeinde im „Ortsausschuss für gemeinnützige Arbeit". Zu den Höhepunkten seiner fast 40-jährigen Amtszeit[53] im Kirchenvorstand gehörten der Bau eines neuen Kirchturms (1894) und die Feierlichkeiten zum 350. Jahrestag der Einführung der Reformation (1909). Ernst Gnauck machte sich als Mitglied bzw. Leiter der landwirtschaftlichen Vereine von Bischofswerda und Großdrebnitz um die Einführung moderner Produktionsmethoden verdient. So beteiligte er sich auch an der IX. Braugerstenausstellung in Dresden.[54] Er wirkte zudem als Sachverständiger für die Schlachtviehversicherung und für die Schadensermittlung nach Seuchen und kandidierte für die landwirtschaftliche Genossenschaftsversammlung.[55] In dem Großdrebnitzer Kirchschullehrer und Heimatforscher Bruno Barthel[56] wusste Ernst Gnauck stets einen guten Freund an seiner Seite. Sein Sohn Oskar und seine Tochter Hedwig waren jeweils mit Kindern von Barthel verheiratet. Gnauck vertrat den Kantor Barthel beim sonntäglichen Orgelspiel. Wenn etwas vertraulich bleiben sollte, korrespondierten Ernst Gnauck und Bruno Barthel in Gabelsberger Kurzschrift.[57] Das herausragende Ereignis während Gnaucks Amtszeit stellte 1909 die Eröffnung des Bahnhofs Weickersdorf dar. Im 19. Jahrhundert war es den Oberlausitzer Bauern gelungen, die Produktion von Rohmilch zu steigern, und 1903 wurde die Eisenbahnstrecke Görlitz-Dresden für den Milchtransport zu den Dresdner Molkereien und Großmärkten freigegeben. Gemeinsam mit dem Weickersdorfer Gemeindevorstand Hartmann hatte Gnauck sich lange um die Errichtung eines Bahnhofs für Weickersdorf, Kleindrebnitz und Goldbach bemüht. Mit Unterstützung des aus Kleindrebnitz stammenden Forst-

51 Gemeindebuch Klein-Drebnitz, Protokolle der Gemeinderatssitzungen 10.2.1887–22.3.1919

52 Sächsischer Erzähler, 23.12.1891

53 Sächsischer Erzähler, 21.3.1925

54 Bericht über die neunte Braugersten Ausstellung in Dresden. Mittheilungen Oekonomische Gesellschaft im Königreiche Sachsen, Ausgaben 8–11, S. xxviii

55 Sächsischer Erzähler, 26.6.1902

56 Frank Fiedler: „Ehregott Bruno Barthel: Lehrer, Kantor und Heimatforscher". Bischofswerdaer Land, 1990

57 Kurt Barthel (Bearb.): „Erlebtes und Gesammeltes von Ehregott Bruno Barthel". Hattersheim, 1998

Ernst Gnauck, von 1887 bis 1919 Gemeindevorstand in Kleindrebnitz.

Wir Friedrich August, von GOTTES Gnaden
König von Sachsen etc. etc. etc.
haben Uns bewogen gefunden,
dem Guts- und Gasthofsbesitzer und Gemeindevorstand
Friedrich Ernst Gnauck
in Kleindrebnitz
das Ehrenkreuz
zu verleihen. Zu dessen Urkund ist das gegenwärtige Dekret ausgefertigt, von Uns eigenhändig unterzeichnet und mit Unserem königlichen Siegel versehen worden.
Dresden, am 14. Mai 1912.
Friedrich August
[illegible]
v. [illegible]

wissenschaftler Max Neumeister[58], seinerzeit Mitglied der sächsischen Eisenbahnkommission, gelang dieses wirtschaftlich bedeutsame Vorhaben schließlich[59] und 1909 beging man die feierliche Einweihung. Den örtlichen Bauern wurde es dadurch möglich, die leicht verderbliche Rohmilch schneller an die Kunden bis nach Dresden auszuliefern.[60] 1910 wurde Gnauck zum Friedensrichter für Groß und Kleindrebnitz bestellt.[61] Für seine Verdienste um Kleindrebnitz erhielt Ernst Gnauck 1912 von König Friedrich August III. das Ehrenkreuz verliehen.[62] Das Erbgericht Kleindrebnitz übernahm 1911 sein Sohn Bruno, als Gemeindevorstand folgte ihm 1919 sein Sohn Oskar. Die vom Kirchenvorstand mit Ernst Gnauck und Kirchschullehrer Willy Sorber[63] nach der Inflation betriebene Angliederung von Goldbach-Weickersdorf als Schwestergemeinde zu Groß- und Kleindrebnitz löste 1931/1932 den Goldbacher Kirchenstreik aus.

Von den 16 Bauerngütern des Jahres 1925 in Sachsen mit mehr als 15 Hektar Fläche und mit einem Namensträger „Gnauck" als Besitzer gehörten allein 5 Güter Söhnen von Ernst Gnauck.[64] Den Kleindrebnitzer Grundbesitz hatte er zwischen seinen Söhnen Paul (19 ha, Familiengut Nr. 9) und Bruno (22 ha, Erbgericht Nr. 16) aufgeteilt. Oskar in Kleindrebnitz (16 ha), Richard in Rammenau (21 ha) und Arthur in Goldbach (15 ha) hatten sich eingekauft oder eingeheiratet. Auch in der ersten Hälfte des 20. Jahrhunderts wirkten Familienmitglieder der Gnaucks als Gemeindevorstände, so die Söhne von Ernst Gnauck in Kleindrebnitz (Oskar) und Rammenau (Richard) sowie der Schwiegersohn Willy Gerth in Weickersdorf.

---

58 Frank Fiedler, Uwe Fiedler: „Lebensbilder aus der Oberlausitz". Books on Demand, 2011–2017

59 „Weickersdorf (Einweihung)". Unsere Heimat, Beilage zum Sächsischen Erzähler, Oktober 1909

60 Hans von Polenz: „Als noch die Milchzüge fuhren ...". Oberlausitzer Hausbuch, 2010, S. 63–65

61 Sächsischer Erzähler, 29.9.1910

62 Sächsischer Erzähler, 25.5.1912

63 Frank Fiedler, Uwe Fiedler: „Lebensbilder aus der Oberlausitz". Books on Demand, 2011–2017

64 Landwirtschaftliches Adreßbuch der Güter und Wirtschaften im Freistaat Sachsen, 1925

Ernst Gnauck begriff Ausbildung als Investition in die Zukunft und ermöglichte auch jenen Kindern einen guten Start ins Leben, die nicht als Hoferben infrage kamen. Bildung beschränkte er aber nicht auf die Landwirtschaft – die meisten seiner Kinder lernten beispielsweise Klavier spielen. Um 1896: obere Reihe von links Paul (Ausschussmitglied im Krankenkassenverband), Ella verh. Gerth, Richard (Gemeindevorstand Rammenau), Oskar (Gemeindevorstand Kleindrebnitz); untere Reihe von links Helene verh. Fischer, Bruno (Erbgerichtsbesitzer), Schwiegervater Friebel, Ehefrau Emma, Kurt (besuchte die Realschule in Bautzen, Bankbeamter bis zur Weltwirtschaftskrise und Gaststättenbesitzer in Dresden sowie nach 1945 in Pulsnitz / "Stadt Dresden"), Ernst Gnauck, Arthur, Hedwig verh. Barthel.

Oskar Gnauck wurde am 1. Juni 1877 in Kleindrebnitz geboren. 1903 gründete er die örtliche Spar- und Darlehenskasse zur Förderung der dörflichen Wirtschaft zusammen mit anderen Bauern und seinem späteren Schwiegervater, Kirchschullehrer Bruno Barthel, aus dem landwirtschaftlichen Verein heraus. 1909 wurde er in den Vorstand berufen.[65]

65 Sächsischer Erzähler, 15.8.1909

Gleich nach Beginn des Ersten Weltkrieges wurde er an die Ostfront eingezogen und dort mehrfach verwundet.[66] 1915 erhielt Oskar Gnauck das Eiserne Kreuz II. Klasse, er wurde zum Unteroffizier befördert und war Träger der Friedrich August-Medaille. Nach dem Separatfrieden im Osten kam er zu einem Ersatzbataillon in Sachsen. 1918 wurde er zum Sergeanten befördert.[67] 1915 hatte Gnauck ein Wesenitzgrundstück an die Stadt Bischofswerda zum Zwecke der Flussbegradigung mithilfe von Kriegsgefangenen verkauft.[68] Während seiner kriegsbedingten Abwesenheit vertrat ihn sein Bruder Paul (1880–1945) bei der Sparkasse als Vorstand.[69] Als ältester Sohn folgte Oskar Gnauck seinem Vater, Ernst Gnauck, 1919 im Amt des Gemeindevorstands, das er bis 1924 ausübte. Oskar Gnauck wurde die Gewährung einer Bürgschaft zum Verhängnis, er musste Konkurs anmelden und beging am 1. Juni 1931 Suizid.[70]

Richard Gnauck wurde am 22. August 1878 in Kleindrebnitz geboren. Er war dort Vorsteher im Verein „Casino junger Landwirte“.[71] 1903 heiratete er Ida geb. Eisold. In Rammenau gehörte Richard Gnauck 1906 zu den Gründern des „Spar-, Kredit- und Bezugsvereins“.[72] 1909 wurde er zum Gemeindevorstand gewählt. Gnauck hatte dieses und das Amt des Bürgermeisters mehr als 30 Jahre inne.[73] Er diente dem Dorf zudem als Friedensrichter und Brandmeister, war Mitglied im Kirchenvorstand, Schöppe am Gericht in Bischofswerda, Ausschussmitglied im landwirtschaftlichen Kreisverein[74] sowie landwirtschaftlicher Obmann für Rammenau und Geißmannsdorf.[75] Verdienste hat sich Richard Gnauck um das Andenken des in Rammenau geborenen Johann Gottlieb Fichte erworben. 1912 kamen zur Einweihung eines Denkmals anlässlich des 150. Geburtstags des Philosophen fast 6000 Besucher ins Dorf. Zugegen

66 Kurt Barthel (Bearb.): „Erlebtes und Gesammeltes von Ehregott Bruno Barthel“. Hattersheim, 1998
67 Sächsischer Erzähler, 6.4.1918
68 Sächsischer Erzähler, 29.1.1915
69 Sächsische Staatszeitung, 15.2.1919
70 Kurt Barthel (Bearb.): „Erlebtes und Gesammeltes von Ehregott Bruno Barthel“. Hattersheim, 1998
71 Sächsischer Erzähler, 21.1.1904
72 Sächsischer Erzähler, 12.5.1931
73 Sächsischer Erzähler, 25.7.1939
74 Sächsischer Erzähler, 28.12.1913
75 Sächsischer Erzähler, 20.12.1917

waren beispielsweise die Professoren Paul Schumann vom Dürerbund und Georg Wrba von der Dresdner Kunstakademie. Die Universitäten Berlin, Leipzig und Jena schickten Grußadressen.[76] Gnauck gehörte dem Kuratorium der Fichte-Stiftung an, die nach der Inflation wiedergegründet worden war.[77] 1927 verurteilte ihn das Amtsgericht Dresden wegen unvorschriftsmäßiger Abdichtung von Milchkannen zu einer Geldstrafe.[78] Anlässlich der Bezirkstierschau 1929 erhielt er von der Kreisdirektion der Landwirtschaftskammer Oberlausitz den Staatspreis Klasse IV für „3 und mehr Abkalbungen".[79] Richard Gnauck war politisch engagiert. Während der Weimarer Republik wurde er mehrfach für den Wahlkreis Bischofswerda-Land in den Bezirkstag der Amtshauptmannschaft Bautzen gewählt.[80,81,82] Anlässlich von Jubiläen erhielt er Auszeichnungen für seine langjährigen Dienste, beispielsweise 1931 eine Denkmünze vom Verband Landwirtschaftlicher Genossenschaften[83] und 1934 als Bürgermeister die Ehrenurkunde vom Deutschen Gemeindetag.[84] Nach der Machtergreifung der Nationalsozialisten stellte sich Gnauck in den Dienst der NSDAP und war beispielsweise Ortsbauernführer. 1937, zum 175. Geburtstag von Johann Gottlieb Fichte, versammelten sich bekannte Nazigrößen in Rammenau, darunter Reichsleiter Alfred Rosenberg und Gauleiter Martin Mutschmann.[85] Am 14. November 1944 ist Richard Gnauck verstorben. Sein älterer Sohn und Nachfolger im Amt des Bürgermeisters, Kurt Gnauck (1905–1945), ist nach der Befreiung vom Faschismus im Lager Mühlberg gestorben. Damit waren alle drei Kinder dem Zweiten Weltkrieg zum Opfer gefallen (Walter an der Ostfront, Milda beim Bombenangriff auf Dresden).[86]

76 Dresdner Nachrichten, 20.5.1912

77 Sächsischer Erzähler, 30.4.1936

78 Dresdner Nachrichten, 16.1,1927

79 Sächsischer Erzähler, 12.7.1929

80 Sächsischer Erzähler, 29.5.1924

81 Sächsischer Erzähler, 12.2.1927

82 Sächsischer Erzähler, 21.2.1930

83 Sächsischer Erzähler, 12.5.1931

84 Riesaer Tageblatt und Anzeiger, 24.9.1934

85 Hannah-Arendt-Institut für Totalitarismusforschung zu: „Im besten Sinne einer der Unseren. Reichsleiter Rosenberg und Gauleiter Mutschmann über Fichtes Bedeutung für unsere Zeit". Der Freiheitskampf, 24.5.1937

86 Kurt Barthel (Bearb.): „Erlebtes und Gesammeltes von Ehregott Bruno Barthel". Hattersheim, 1998

Bruno Gnauck, der letzte Erbgerichtsbesitzer in Kleindrebnitz aus der Familie, mit seiner Tochter Luise (1913–2006) und seinen Enkelinnen Brunhilde (*1935, verh. Fiedler) und Brigitte (1943–2016). Bruno Gnaucks Sohn Bruno Ernst (1914–1917) war früh verstorben, Gottfried (21.5.1920–20. 12.1941) im Zweiten Weltkrieg in Tscherkes nahe Sewastopol auf der Krim gefallen und seine Frau, Ernestine Martha, 1952 gestorben. Die Tochter Luise war nach dem Tod ihres Mannes, Arthur Gnauck, zusammen mit ihren Töchtern in das elterliche Erbgericht zurückgekehrt.

Bruno Gnauck, am 2. November 1888 in Kleindrebnitz geboren, hatte 1911 das Erbgericht von seinem Vater, Ernst Gnauck, übernommen. 1912 heiratete er Ernestine Martha, eine Tochter des Goldbacher Ortsrichters und Kirchenvorstands Alwin Gnauck (Gut Nr. 54). Im Ersten Weltkrieg diente Bruno Gnauck an der Westfront in Frankreich. Die fünf weiteren Söhne und drei Schwiegersöhne von Ernst Gnauck überlebten den Krieg ebenfalls, obwohl einschließlich Bruno sechs von ihnen an der Front gedient hatten.[87] Nach dem Krieg unterstützte er seine durch die Inflation in Not geratenen Schwiegereltern in Goldbach, sein Bruder Arthur Gnauck (1890–1969) hatte zuvor deren Gut gekauft. 1928

87 Kurt Barthel (Bearb.): „Erlebtes und Gesammeltes von Ehregott Bruno Barthel“. Hattersheim, 1998

Auszugshaus des Erbgerichts Kleindrebnitz mit einer alten Eiche. In den 1950er Jahren hatte in die Eiche ein Blitz eingeschlagen. 1952 wurden sie in einem Naturschutzwegweiser für den Kreis Bautzen gelistet.

wurde Bruno Gnauck zum Friedensrichter für Groß- und Kleindrebnitz bestellt.[88] Das Ehepaar Bruno Gnauck bildete mit dem Bruder Oskar, dem Landwirt Hermann Paul und Kirchschullehrer Willy Sorber sowie deren Ehefrauen einen Freundeskreis. Als Gastgeber für den Militärverein, den Landwirtschaftsverein, den Darlehns- und Sparkassenverein, den Gesangverein, den Frauenverein, den Jugendverein „Alpenrose", den Radverein „Stern" und den Schachverein war das Erbgericht Kleindrebnitz ein Zentrum des dörflichen Lebens. 1925 feierte der Landwirtschaftsverein für Groß- und Kleindrebnitz im Erbgericht Kleindrebnitz sein 25-jähriges Jubiläum.[89] Es fanden zudem Vortragsveranstaltungen und Theateraufführungen statt. Zu den Gästen im Kleindrebnitzer Erbgericht gehörte Richard Garbe, der damalige Pfarrer für Großdrebnitz und Goldbach.[90,91] 1934 gründete sich eine Entwässerungsgenossenschaft Kleindrebnitz-Weickersdorf zur Regulierung des Hundeflüsschens (Drebnitzbach) mit Bruno Gnauck als Schatzmeister.[92] Er wirkte zudem als Sachverständiger für die Schadensermittlung nach Seuchen. Nach der Zerstörung Dresdens am 13./14. Februar 1945 fuhr Bruno mit seinem Pferdewagen nach Dresden, um seinem Bruder Kurt zu helfen, Habseligkeiten aus Wohnung und Gaststätte zu bergen. Kurt Gnauck (1895–1954) und seine Familie, er war mit einer Schwester von Brunos Ehefrau aus Goldbach verheiratet, fanden zwischenzeitlich Aufnahme im Erbgericht Kleindrebnitz. Ohne geeigneten Erben geblieben, verkaufte Bruno Gnauck 1956 das Kleindrebnitzer Erbgericht an die Familie Szczekalla, behielt aber Wohnrecht. In seinen letzten Lebensjahren traf er sich wiederholt mit dem ehemaligen Großdrebnitzer Bürgermeister und Mitglied der Schopenhauer-Gesellschaft Otto Heinrich zum Gedankenaustausch. Am 16. September 1969 ist Bruno Gnauck in Kleindrebnitz verstorben.

---

88 Sächsischer Erzähler, 30.9.1928

89 Kurt Barthel (Bearb.): „Erlebtes und Gesammeltes von Ehregott Bruno Barthel", Hattersheim, 1998

90 Frank Fiedler: „Garbe, Richard Erich Christian". Sächsische Biografie, herausgegeben vom Institut für Sächsische Geschichte und Volkskunde e.V., wissenschaftliche Leitung: Martina Schattkowsky

91 Eintrag von Richard Garbe im Gästebuch des Erbgerichts Kleindrebnitz: „Dreifach ist der Schritt der Zeit: Zögernd kommt die Zukunft hergezogen, pfeilschnell ist das Jetzt entflogen, ewig still steht die Vergangenheit".

92 Sächsischer Erzähler, 2.10.1934

Stammtafel des Kleindrebnitzer und des

Thomas Gnauck (1618 – 1679) Gerichtsschöppe, Bauer sowie Salz- und Landfuhrmann auf dem Stammgut			
Hanss Johann Gnauck (1655 – 1729)			
Hans George Gnauck (1695 – 1725) Gerichtsschöppe und Landfuhrmann auf dem Stammgut			
Anna Elisabeth Gnauck (1725 – 1796) der ursprüngliche Kleindrebnitzer Zweig der Gnaucks ging durch Heirat 1745 in der Großdrebnitzer Erbrichterfamilie Klahre auf	**Friedrich Martin Gnauck (1709 – 1774)** Bauer und Landfuhrmann, ging von Weickersdorf nach Bühlau		
	Johann Gottfried Martin Gnauck (1753 – 1798) in Bühlau geboren, kaufte das Kleindrebnitzer Stammgut der Familie		
	Johann Gottfried Gnauck (1774 – 1836) Bauer und Landfuhrmann auf dem Stammgut		
	Carl Gottfried Gnauck (1802 – 1882) Ortsrichter, erster gewählter Gemeindevorstand nach der sächsischen Landgemeindereform (1838), kaufte zusätzlich zum Stammgut das Erbgericht von Johann Gottfried Nake (1849)		
	Friedrich Ernst Gnauck (1852 – 1927) langjähriger Gemeindevorstand und Erbgerichtsbesitzer		
	Bruno Gnauck (1888–1969), Friedensrichter, verkaufte Erbgericht nach Tod beider Söhne	**Paul Gnauck** (1880–1945)	**Oskar Gnauck** (1887–1931), Gemeindevorstand
	Luise Gnauck (1913–2006), aufgewachsen im Erbgericht, verh. m. Arthur Gnauck	**Willy Gnauck** (1906–1980), verkaufte Stammgut an Fam. Brendler	

Die Spalten repräsentieren einzelne Ahnenlinien, wobei Spaltengruppen unter einem übergreifenden Tabelleneintrag für Geschwister stehen. Die Zeilen stellen den Bezug zwischen korrespondierenden Generationen über verschiedene Linien hinweg her.

Weickersdorfer Zweigs der Familie Gnauck

Christoph Gnauck (1610 – 1671)
Bauer und Gerichtsschöppe

Martin Gnauck (1634 – 1705)
Bauer und Salzfuhrmann

Martin Gnauck (1681 – 1758)
Bauer und Salzfuhrmann

Andreas Gnauck († 1772)
Freirichter auf dem Erbgericht

Christoph Gnauck (?1725 – 1763)
Amts-, Land- und Gerichtsschöppe, Bauer auf Gut Nr. 2, einem der größten Bauerngüter von Weickersdorf (nahe dem heutigen Bahnhof)

Rosina Gnauck
heiratete 1734 Christoph Näther a. Polenz, Dokument zum bäuerlichen Hochzeitsbrauchtum im Sächsischen Staatsarchiv

Johann Christoph Gnauck (1756 – 1813)
Bauer auf Gut Nr. 14, Gerichtsschöppe, Salzfuhrmann, sein Bruder Adam Gottlieb (auch Gerichtsschöppe, Besitzer von Gut 2) vermutlich durch napoleonische Truppen ermordet

Carl Christoph Gnauck (1791 – 1865)
Bauer auf Gut Nr. 2, Gemeindevorstand, Salzfuhrmann; seine Frau, Christiane Caroline geb. Beyer, entstammte dem in Weickersdorf verbliebenen Zweig der Familie Beyer/Bayer (Bayer AG; nach Namenswechsel)

Karl Julius Gnauck (1826 – 1905)
zwischenzeitlich in Bühlau, Gemeindevorstand, Besitzer von Gut Nr. 2, kaufte 1868 von den Leuner'schen Erben auch Gut Nr. 8

Friedrich August Heinrich Gnauck
(1820–1905) Gemeindevorst. Großdrebnitz

Karl Otto Gnauck
(1859–1924), Rittergutsbesitzer Putzkau

Karl Hermann G.
(* 1872), besaß Gut Nr. 2, Kirchenvorstand

Max Otto Gnauck
(1858–1904), Lehrer und Altertumsforscher in Leisnig

Meta Flora G.
(1860–1908)

Richard G.
(1878–1944)
Gemeindevorstand Rammenau

Carl Ernst Paeßler
(1890–1963), Freigutsbesitzer in Belmsdorf

Kurt Gnauck
(1905–1945)
Bürgermeister Rammenau

Roland Paeßler
(1928–2016), Landwirt und Heimatforscher

Vielfältige Beziehungen bestanden zur Erbrichterfamilie Klahre. Die farbliche Hinterlegung der Tabelleneinträge bezieht sich auf den jeweiligen Lebensmittelpunkt: **Kleindrebnitz, Weickersdorf** bzw. weiß bei abweichenden Orten.

Es waren einmal ... der Bauer und seine Pferde

Mit dieser Publikationsidee von Frank Fiedler (1930–2018), die jener aber nicht mehr in die Tat umsetzen konnte, wollte er an eine Zeit erinnern, als Mensch und Pferd noch die Mühsal des Alltags teilten. Sein Nachlass enthält eine Material- und Ideensammlung, die er zu diesem Thema zusammengestellt hatte. Wesentliche Bestandteile sind Fotos, viele Anekdoten aus dem dörflichen Leben, Ausführungen zum Salzfuhrwesen sowie Sprichwörter mit Bezug zum Arbeitsalltag in der Landwirtschaft. Die Aufbereitung hier mit einem besonderem Augenmerk auf die Familie Gnauck beruht auf seinen Vorarbeiten.[1]

Pferdebauern

Pferde waren vor der Erfindung moderner Transportmittel über Jahrhunderte als Zug- und Reittiere unverzichtbar. In der Landwirtschaft kamen sie zunächst kaum zum Einsatz, weil sie zu teuer waren. Schließlich setzten sie sich aber dank höherer Flexibilität und Effizienz doch gegenüber den Ochsen als Transport- und Arbeitstiere durch. Kein anderes Tier stand dem Bauern so nahe wie seine Pferde, ihre Beziehungen waren häufig fast schon persönlich. Man unterstellte den Pferden sogar, dass sie mehr kapieren, als sie sich anmerken lassen. Die Unterhaltung der Pferde blieb aber sehr teuer, so dass der Begriff „Pferdebauer“ zum Statussymbol für Wohlstand wurde.

Im Jahre 1873 gab es beispielsweise in Kleindrebnitz bei 37 Haushalten insgesamt 20 Pferde, im Jahre 1884 bei 39 Haushalten 27 Pferde.[2] Ein Adressverzeichnis der landwirtschaftlichen Güter Sachsens mit mindestens 15 ha aus dem Jahre 1925 führt unter etwa 15000 Eigentümern/Pächtern/Verwaltern 16 Namensträger Gnauck und davon allein 10 in Dörfern in unmittelbarer Nähe von Bischofswerda auf.[3] Dabei handelte es sich ohne Ausnahme um Pferdebauern: in Frankenthal Ernst Gnauck

1 Frank Fiedler war ein Schwiegersohn des Kleindrebnitzer Bauern Arthur Gnauck und ein Schwiegerenkel des Erbgerichtsbesitzers Bruno Gnauck.

2 Zeitschriften des Sächsischen Statistischen Landesamtes, 1873, 1884

3 Landwirtschaftliches Adreßbuch der Güter und Wirtschaften im Freistaat Sachsen, 1925

Die Pferde – Helfer und Freunde der Bauern.

(4) und Paul Gnauck (2), in Goldbach Arthur Gnauck (2) und Otto Gnauck (2), in Kleindrebnitz Bruno Gnauck (2), Oskar Gnauck (2) und Paul Gnauck (2), in Rammenau Richard Gnauck (4) sowie in Weickersdorf Alma verw. Gnauck (4) und Hermann Gnauck (4).

Zu den Kleindrebnitzer Pferdebauern gehörte auch Arthur Gnauck auf einer mit 11 ha etwas kleineren Wirtschaft (Nr. 13). Arthur Gnauck war am 24. Mai 1908 in Goldbach geboren worden. Sein Großvater Hermann Gnauck besaß dort das große Gut Nr. 49, das sich später im Besitz von dessen Sohn Otto befand. 1909 kaufte Arthurs Vater, Martin Gnauck, das Kleindrebnitzer Gut der Familie Eisold. Nach Ausbruch des Ersten Weltkriegs wurde der Vater eingezogen und als Fahrer eines Landsturmregiments am 25.12.1914 in Charpentry bei Verdun verwundet. Am 6.1.1915 ist er in einem Lazarett in Bensbach verstorben.[4] 1917 fiel die Scheune des Kleindrebnitzer Gutes mit den Futtervorräten einer Brandstiftung zum Opfer.[5] Das Gut mit den beiden minderjährigen Söhnen geriet in große Not und konnte die Zeit nur durch die verwandtschaftliche Solidarität der Familien Sturm[6] und Eisold überstehen. Sie ermöglichten Arthur den Besuch der Landwirtschaftsschule in Bautzen unter Hermann Gräfe. 1930 wurde er zum Vorsitzenden des Vereins „Casino junger Landwirte“ mit 500 Mitgliedern in Bischofswerda und Umgebung gewählt.[7] 1934 heiratete Arthur Gnauck die Tochter Luise des Kleindrebnitzer Erbgerichtsbesitzers Bruno Gnauck. Das von der Erbengemeinschaft mit seiner Mutter und seinem Bruder Fritz gepachtete Gut kaufte er 1935. Im Zweiten Weltkrieg geriet Arthur Gnauck während des Afrikafeldzugs in Gefangenschaft und wurde nach Georgia verbracht, wo er auf einer Erdnussplantage arbeitete, später nach Peterborough in England. 1947 kehrte er nach Hause zurück, war aber schon durch eine Krebserkrankung gezeichnet. Eine letzte Operation bei Professor Albert Fromme in Dresden blieb ohne Erfolg. Arthur Gnauck ist am 4. Oktober 1948 im Alter von 40 Jahren verstorben.

---

4 Sächsischer Erzähler, 16.1.1915
5 Dresdner Nachrichten, 15.11.1917 (Frühausgabe)
6 Max Sturm, Direktor der Bunt- und Luxuspapierfabrik Goldbach
7 Sächsischer Erzähler, 26.9.1930

Die Pferde waren der ganze Stolz der Bauern und treue Helfer auch im Winter (Arthur Gnauck, Kleindrebnitz).

Familienfoto (um 1930): Arthur Gnauck auf dem Pferdewagen, seine Mutter ganz rechts sowie die Gutsauszügler Eisold und zwei Hilfskräfte.

Alltägliches und Anekdoten

Der Bauer musste stets gewärtig sein, dass Pferde Fluchttiere sind, die nicht erschreckt werden dürfen. Früh morgens wurden die Pferde zuerst gegrüßt, möglichst von der Seite, damit sie den Menschen erkennen konnten. Und natürlich bekamen als erstes die Pferde ihr Futter, ehe die Menschen frühstückten. Bei der Arbeit vor dem Wagen bestimmten dann die Pferde, wann Pause gemacht wird. Der Pflege der Pferde galt größte Sorgfalt und bestimmte die Bewertung der Arbeit der Kutscher, aber auch, wie die Verhältnisse auf dem jeweiligen Hof im Dorf eingeschätzt wurden („Wie die Verpflegung, so die Bewegung", „Wie der Herre, so's Gescherre").

Dank des täglichen Umgangs mit diesen intelligenten Tieren haben sich im Verlauf der Zeit viele mehr oder weniger lustige Geschichten zugetragen, die über Generationen in den Dörfern weitererzählt wurden:

- von einem Zahnarzt, den man mit den Pferden zu einem ängstlichen Gast im Erbgericht Kleindrebnitz transportieren musste
- von einem durstigen Erbgerichtsbesucher in Kleindrebnitz, den man volltrunken in seine Kutsche gesetzt hatte und den seine Pferde selbstständig heim zur Ehefrau brachten
- über Lise, eine 28-jährige kranke Stute auf dem Erbrichtergut Paeßler in Belmsdorf, die zur Notschlachtstelle gebracht werden sollte, was wegen Silvester nicht möglich war und am nächsten Morgen auch nicht mehr nötig, als sie sich nachts am Futtervorrat selbst bedient und mehrere Tagesrationen gefressen hatte[8]
- von einem durchgegangenen jungen Pferd, das im Winter nicht ausreichend bewegt worden war und Frank Fiedler fast in den kalten Bach genötigt hat
- von drei Pferden des Erbgerichts Großdrebnitz, die man regelmäßig abends von der Koppel alleine nach Hause gehen ließ
- von einem Kleindrebnitzer Bauern Steglich, der beim Pflügen jedes Mal am Ende der Furche ein Vaterunser betete, um den Pferden eine Pause zu gewähren
- über einen Kutscher, der nach dem Begräbnis zum Leichenschmaus gehen wollte und deswegen den Leichenwagen von Goldbach nach Weickersdorf von einem 14-Jährigen heimfahren ließ, der jedoch einen Totalschaden verursachte.

Um 1800 sorgte die Liebesgeschichte der Großdrebnitzer Bauerntochter Richter für großes Aufsehen. Ihr Auserwählter war der Kutscher des Gutes und das durfte nicht sein. Als der Kutscher, ein Gottlieb Stiebitz aus Neukirch, entlassen war, verweigerten aber die von ihm betreuten Schimmelhengste den Dienst und der Bauer musste dem Kutscher seine Tochter versprechen, um ihn zurückzuholen.[9]

Die Deckhengste des Erbgerichts Großdrebnitz waren für das ganze Dorf zuständig und bei allen Bauern namentlich bekannt. Daran erinnerte lange das frühere Erbgerichtssiegel mit einem Hengst und deutlich

---

8 Die Erbgerichtsbesitzer Paeßler in Belmsdorf waren über Meta Flora geb. Gnauck (1860–1908), eine Tochter des Großdrebnitzer Gemeindevorstands, mit den Weickersdorfer Gnaucks verwandt.

9 Fritz Paul: „Überlieferung meines Vaters Alwin Bruno Paul“ (für Frank Fiedler)

sichtbaren Genitalien. Der im Großdrebnitzer Erbgericht aufgewachsene Agrarwissenschaftler Bruno Steglich promovierte 1883 an der Universität Leipzig mit der Arbeit „Über den Mechanismus des Pferdehufes unter besonderer Berücksichtigung der Hufrotationstheorie des Prof. Dr. Lechner in Wien“. 1885 verfasste er die „Schematische Darstellung des Zahnwechsels beim Pferd zur Altersbestimmung aus dem Gebiß für Landwirthe, Offiziere, Sportsmen und Pferdebesitzer“.[10]

Zu den Tierschutz-Maßregeln im Jahre 1905 gehörte: „Wärmt die Gebisse der Pferde vorm Einlegen derselben, damit die Pferde nicht die Qualen der kalten Gebisse ausstehen müssen!“[11]

Die Dorfstraße von Schmölln war von den Pferden der örtlichen Bauern, vor allem aber von den Transportfuhren der nahen Steinbrüche so frequentiert, dass die Hinterlassenschaften der Pferde besonders viele Vögel anlockten, so dass sich der Begriff „Vogel-Schmölln“ einbürgerte.

1918 kaufte Oskar Gnauck in Kleindrebnitz von seinem Bruder Richard in Rammenau ein Pferd für 3000 Mark. Wegen einer Verletzung ließ er es 1919 an der Tierärztlichen Hochschule in Dresden behandeln[12], wo auch Bruno Steglich lehrte.

Der ehemalige Kleindrebnitzer Gemeindevorstand Ernst Gnauck und seine Frau lebten im Alter im Auszugshaus des Erbgerichts und klagten im Winter über kalte Füße. Ihr Sohn Bruno quartierte daraufhin die Pferde des Hofes im Schweinestall des Erdgeschosses ein, die Schweine (vier Tiere 1925) dafür im Pferdestall. Die beträchtliche Eigenwärme der Pferde wirkte wie eine Fußbodenheizung. Auch für repräsentative Zwecke kamen die Pferde zum Einsatz: Das Erbgericht Kleindrebnitz besaß, wie viele größere Bauerwirtschaften, Kutsche und Jagdwagen.[13]

10 Die Familie Steglich war sowohl mit den Kleindrebnitzer als auch den Weickersdorfer Gnaucks verwandt. Bruno Steglich: „Stammtafel der Familie Steglich“ (in der „Ahnentafel Wiede“ von Karl Steinmüller, 1940)

11 Sächsischer Erzähler, 5.1.1905

12 Kurt Barthel (Bearb.): „Erlebtes und Gesammeltes von Ehregott Bruno Barthel“. Hattersheim, 1998

13 Kurt Barthel (Bearb.): „Erlebtes und Gesammeltes von Ehregott Bruno Barthel“. Hattersheim, 1998

Arthur Gnauck (rechts im Bild das Stallgebäude für Pferde und Schweine).

Arthur Gnauck bei der Arbeit in Kleindrebnitz, im Bildhintergrund die Buntpapierfabrik Goldbach.

Das Bild „Im Kumtlampenschein“ des in Bischofswerda aufgewachsenen Malers Osmar Schindler widerspiegelt ein Stück Romantik nach (fast) vollbrachtem Tagewerk von Kutscher und Pferd. Viele Kopisten trugen dazu bei, Schindlers Hauptwerk weltweit bekannt zu machen. Reproduktionen finden sich noch heute in unzähligen Wohnzimmern und früher auch in vielen Bauernstuben, so bei Arthur Gnauck in Kleindrebnitz, auch wenn Schindler eigentlich einen Stadtfuhrmann aus Dresden abgebildet hatte.

Die wiederholte Requirierung ihrer Pferde für Kriegszwecke, sowohl für eigene Truppen als auch durch fremde Militärverbände, die durch das Land zogen, stellte für die Bauern ein großes wirtschaftliches Problem dar. Beispielsweise wurde 1945 ein Pferd des Gutes Arthur Gnauck von der sowjetischen Militärverwaltung beschlagnahmt.

Zum Salzfuhrwesen

Das einstmals sehr teure Gut Salz wurde früher von Bauern mit ihren Pferden über weite Strecken transportiert. Für die Bauern stellte dies einen finanziell lukrativen Nebenerwerb dar.

Frank Fiedler verfasste 2009 den Beitrag „Zum Salzfuhrwesen in Großdrebnitz in den Lebenserinnerungen von Prof. B. Steglich" (in: Mathias Hüsni, Schiebocker Landstreicher, H. 4, Burkau, S. 55–56). Darin zitierte er die Überlieferung von Bruno Steglichs „Großmutter väterlicherseits von ihrem Vater, Johann Georg Richter, dass ihm als ehemaligem Salzfuhrmann sein vermutetes Vermögen fast zum Verhängnis geworden wäre. Beim Durchmarsch französischer Truppen im Jahr 1813 wurde er von plündernden Soldaten schwer misshandelt und trotz Erkrankung aus dem Bett geworfen, um nach Werten zu suchen. Dazu zählte auch Salz. Wegen des großen Mangels an Salz waren bereits Krankheiten aufgetreten. G. Richter brauchte lange Zeit, um sich von den Misshandlungen zu erholen. Er hatte noch von seinem versteckten Salzvorrat an den französischen Kommandeur, Marschall Ney, dessen Truppen auf dem Goldbacher Berg standen, ein kleines Säckchen Salz abgegeben und die hohe Summe von 10 Dukaten dafür erhalten." Im selben Heft des „Schiebocker Landstreichers" veröffentlichte Roland Paeßler den Beitrag „Der Salzhandel und das Salzfuhrwesen im ehemals Stolpener Gebiet". Nach Paeßlers Untersuchungen wurden die meisten Salzfuhrmänner in der untersuchten Region von Bauern der Familie Gnauck aus Weickersdorf gestellt. Diese Tradition begann mit Martin Gnauck (1634–1705) und reichte bis Carl Christoph Gnauck (1791–1865) und der Fertigstellung der Eisenbahnstrecke Dresden-Görlitz.

Frondienste auch mit den Pferden

Die Bauern in den Stolpener Amtsdörfern waren als Fronleistung für das Kammergut Rennersdorf und das Rentamt Stolpen bis in das 19. Jahrhundert auch zu einer Vielzahl von Gespanndiensten verpflichtet. Die „Begüterten" in Großdrebnitz betrafen die Befronung von Wiesen, der Transport von Holz, Transportleistungen bei Bauvorhaben, die Düngung, Teichdienste, die Waldpflege und auch Personentransporte.[14] Weickersdorf und Kleindrebnitz zählten wie Großdrebnitz zu den „Dungdörfern“ und unterlagen ähnlichen Fronleistungen. Die „Ackerdörfer“ wie beispielsweise Lauterbach mussten eine festgelegte Anzahl mit je zwei Pferden bespannter Ackergeräte wie Pflüge und Eggen stellen.[15] Die Erbgerichte Goldbach, Großdrebnitz und Belmsdorf mussten einen „Lehnklepper“ halten.[16]

Sprichwörter

Das Pferd gehörte zum Alltag der Menschen und war ein wichtiger Helfer in der Landwirtschaft. So ist es kein Wunder, dass es gerade im Arbeitsalltag der Bauern auch Eingang in Redewendungen oder Begriffsbildungen fand.

Ein Gespann: gutes Zusammenwirken von zwei Menschen / die Pferde im Fuhrwerk mussten gemeinsam arbeiten

Schnelle Pferde führt man langsam aus dem Stall / Immer langsam mit den jungen Pferden: Vorsicht walten lassen / temperamentvolle Pferde benötigen eine ruhige Hand

Zügel locker halten: lockerer Führungsstil / Pferden mehr Freiheit geben

Ein Zugpferd sein / zugkräftig sein: etwas Attraktives / Vorspannpferde zusätzlich zum Gespann waren besonders leistungsfähig

Ihm sind die Pferde durchgegangen / es geht mit ihm durch: unkontrolliertes, emotionales Agieren / erschreckte Pferde lassen sich nicht bändigen

Jemanden an die Kandare nehmen / Zügel anlegen: strenger Führungsstil / Pferde ans Zaumzeug nehmen

In den Seilen gestorben: während des Arbeitslebens gestorben / Tod der Pferde durch Überforderung

---

14 Bruno Barthel: „Altes und Neues aus Groß- und Kleindrebnitz“. 1907

15 Erich Barth: „Frondienste für die Burg und das Amt Stolpen“. Stolpner Hefte, H. 9, 2001

16 Georg Pilk: „Die Amtsdörfer bei Bischofswerda“. Unsere Heimat. Beilage zum Sächsischen Erzähler, 9.6.1925

Nach der Größe des Guts von Arthur Gnauck in Kleindrebnitz war die Haltung von zwei Pferden wirtschaftlich problematisch, wegen der Entfernung der teilweise nachgepachteten Flächen aber unumgänglich. Die Pferde allein machten 1930 mit 650 RM etwa 8% des Inventarwertes des Gutes aus.

Sticht der Hafer: leichtsinniges Verhalten / übermütige Pferde durch zu wenig Auslastung und zu gutes Futter

Einem geschenkten Gaul sieht man nicht ins Maul: nicht an Geschenken herumkritisieren / der Blick ins Maul ließ Rückschlüsse auf Alter und Gesundheit von Pferden und damit auf deren Wert zu

Mal ausspannen: Freizeit / Ruhepause für die Pferde

Auf die Hinterbeine stellen: etwas stur ablehnen / sich wie ein hochgradig erregtes Pferd verhalten

Sich nicht vor den Karren spannen lassen: sich nicht für die Absichten Anderer missbrauchen lassen / Pferde zur Arbeit einsetzen

Nicht die Pferde scheu machen: vorschnell und überflüssig andere auf etwas hinweisen / die Pferde durch hektisches Agieren beunruhigen

Jemand hat das Pferd vom Schwanze aufgezäumt: falscher Lösungsansatz oder umständliche Erklärungen / Pferde mussten zuerst am Kopf aufgezäumt werden

Vom Pferd erzählen: nicht bei der Wahrheit bleiben / da Pferde der Stolz der Besitzer waren, wurden ihre Eigenschaften gerne übertrieben gelobt

Wie der Herr, so's Gescherre: Angestellte arbeiten, wie es der Vorgesetzte vorlebt / ein liederlicher Herr gab nichts auf ordentliches Pferdegeschirr

Rosskur: Heilbehandlung eines Menschen mit groben Mitteln / Hufschmiede waren auch für die Zahnbehandlung der Pferde zuständig

Über die Stränge schlagen: die Grenze des Erlaubten durch Übermut überschreiten / unruhige Pferde, die durch Ausschlagen mit den Hinterbeinen außerhalb der Stränge geraten sind, müssen neu eingeschirrt werden

Den Brotkorb höher hängen: die Anforderungen erhöhen / Pferde sollten nicht zu schnell fressen

Ich dachte, mich tritt' ein Pferd / Pferdekuss: unvermitteltes, unwillkommenes oder schmerzhaftes Ereignis / im Umgang mit den Pferden bestand die dauernde Gefahr, dass diese sich erschrecken und ausschlagen

Das Haar vom Kopf fressen: scherzhaft für guten Appetit / Pferde knabberten sich in Notzeiten das eigene Fell ab

Mit den Füßen scharren: ungeduldiges Warten auf eigene Handlungsmöglichkeiten / Unruhe meist junger, bewegungsfreudiger Pferde

Mal hü, mal hott: nicht wissen, was man will / aus der Kutschersprache für links bzw. rechts abbiegen

Roßtäuschertrick: Vortäuschung von Sachverhalten um des eigenen Vorteils / Betrug beim Pferdehandel, wie beispielsweise bei einem Bauern Gnauck aus Seeligstadt, dessen Pferd seinem Vorbesitzer aus Langburkersdorf angeblich 450 Mark, tatsächlich aber nur 163 Mark gekostet hatte und wegen Krankheit lediglich einen Schlachtwert von 100 Mark besaß.[17]

---

17 Sächsischer Erzähler, 17.8.1932

Eine Familie Gnauck aus Bischofswerda und ihre Verbreitung über Mittelsachsen

Bischofswerda hatte im späten 16. Jahrhundert etwa die fünffache Einwohnerzahl verglichen mit den benachbarten Waldhufendörfern Goldbach, Weickersdorf und Kleindrebnitz zusammen. Für 1562 werden 278 „besessene" Bürger zuzüglich 40 „Inwohner" (Nichtansässige ohne Bürgerrecht) angegeben. Diese Zahl ist bis in das 18. Jahrhundert nicht erheblich gestiegen (1748: 322 besessene Bürger).[1]

Mitte des 17. Jahrhunderts lebte in Bischofswerda einschließlich der Nichtansässigen nur eine einzige Familie Gnauck[2], während sich gleichzeitig die Gnaucks in Goldbach, Weickersdorf und Kleindrebnitz rasch ausgebreitet hatten. Daraus kann geschlossen werden, dass die Stadt Bischofswerda selbst eher nicht der Ausgangspunkt der Verbreitung der Gnaucks gewesen ist. Offenbar handelte es sich bei den frühen Namensträgern „Gnauck" um Bauern. Dafür spricht auch, dass in den städtischen Besitzungen im Jahre 1661 der Name Gnauck(e) mehrfach auftrat: Geißmannsdorf (George Gnaucke), Kynitzsch (Hans Gnaucke) und Schönbrunn (Martin Gnauck, der/oder eine namensgleiche Person zudem zu Teupitz gehörende Fluren bestellte).

Ausgehend von der Hypothese, dass der Name „Gnauck" im Zuge der Vergabe von Familiennamen anfangs einem fränkischen Ostsiedler in Bischofswerda oder Umgebung mit einem sehr persönlichen Merkmal zugewiesen worden war, ist die spätere Binnenmigration von Namensträgern aus diesem Gebiet genealogisch von besonderem Interesse.

Der (Klein-)hartmannsdorfer Pfarrer Paul Gnauck

Paul(us) Gnauck wurde am 9. Januar 1651 in Bischofswerda geboren. Laut Einwohnerverzeichnis von 1661 war sein Vater der Bürger Andreas

1 Historisches Ortsverzeichnis von Sachsen beim Institut für Sächsische Geschichte und Volkskunde

2 Georg Pilk: „Die Einwohnerschaft Bischofswerda's und seiner Besitzdörfer im Jahre 1661". Unsere Heimat, Beilage zum Sächsischen Erzähler, 6.2.1925

Bischofswerda, vom „Trebnitzer Berge“ gesehen (um 1700).

Gnauck. Jener hatte noch zwei ältere Söhne, Johannes (1650 Kreuzschule Dresden, 1655 Universität Wittenberg, 1666 Pfarrer in Altenwalda bei Bremen) und Andreas (1657 Kreuzschule Dresden).[3] Offenbar besaß der Vorname „Andreas“ in der Familie Tradition. 1657 beging der vermutliche Großvater gleichen Vornamens Selbstmord.[4] Paul Gnauck besuchte bis 1673 das Bautzener Gymnasium unter Johannes Theill.[5] Einer seiner Mitschüler war Gottfried Kretschmar, der ebenfalls aus Bischofswerda stammte. Gnauck studierte danach drei Jahre an der Universität Wittenberg unter dem Rektor Wilhelm Leyser II. Er galt offenbar als besonders begabt, denn er musste keine Studiengebühren bezahlen.[6] Nach dem Studium unterrichtete Paul Gnauck die Kinder des Herrn von Penzig auf Jeßnitz, anschließend war er für zwei Jahre als Informator bei Andreas Kunad, seinerzeit Superintendent in Bischofswerda, angestellt und nach dessen Flucht 1680 vor der Pest fünf Jahre bei dessen Nachfolger Christoph Lehmann. Kunad war der Schwiegervater von Diakon Gottfried Kretschmar. 1684 kam es in Bischofswerda zu einem Diakonatsstreit um

3 Willy Richter: „Die Matrikel der Kreuzschule“. Degener, 1967

4 „Gruselige Geschichten aus Bischofswerdas Vergangenheit“. Unsere Heimat, Beilage zum Sächsischen Erzähler, 17.5.1927

5 Johannes Theil: „De Spiritus Sancti hieroglyphico lingus“. Baumann Bautzen, 1673

6 Album Academiae Vitebergensis

Kretschmars Nachfolge, der zum Archidiakon befördert worden war und zeitweise die vakante Superintendentur ausübte. Weder Gnauck noch seine beiden Konkurrenten, die ebenfalls aus der Stadt stammenden Theologen August Dorotheus Rupert und Jeremias Freyberg, erhielten jedoch das Amt, nachdem sich die Bürgerschaft darüber zerstritten hatte.[7] 1687 wurde Paul Gnauck Pfarrer in (Klein-)hartmannsdorf bei Freiberg, wo er vierzig Jahre bis zur Emeritierung tätig blieb. Er hatte drei Söhne und fünf Töchter, zwei Söhne und eine Tochter verstarben früh.[8] Am 17. Juni 1737 ist Paul Gnauck gestorben.[9]

Paul Gnauck folgte sein einziger überlebender Sohn, George Benjamin Gnauck (2.11.1698–1749), als Pfarrer in (Klein-)hartmannsdorf. Er hatte das Gymnasium Annaberg unter Christian Gotthold Willisch besucht und wurde mit dem Herkunftsort Kleinhartmannsdorf 1719 in Leipzig immatrikuliert.[10] Nach dem Studium arbeitete er zunächst als Hauslehrer bei Kriegsrat Bretschneider in Dresden. 1726 wurde er Substitut seines Vaters.[11] Verheiratet war George Benjamin Gnauck seit 1733 mit Christiana Sophia geb. Förster, Tochter des Pfarrers Christian Förster in Königsfeld bei Rochlitz.[12]

Historische Quellen gaben für Vater und Sohn Gnauck sowie dessen Söhne Kleinhartmannsdorf (auch Hartmannsdorf minor oder nur Hartmannsdorf) als Wirkungsort bzw. Herkunft an.[13,14] Dabei handelt es sich aber nicht um das sehr nahe an Freiberg liegende, heutige Kleinhartmannsdorf („im niederen freybergischen Kreis"), sondern um das frühere Kleinhardtmannsdorf im Amt Frauenstein („im oberen frey-

7 Michael Pusch, Christian Heckel: „Historische Beschreibung der Stadt Bischoffswerda". 1713

8 Christian Gotthold Willisch: „Kirchen-Historie der Stadt Freyberg und der in die dasige Superintendentur eingepfarrten Städte und Dörffer", 1737

9 Tauf-, Trau- und Bestattungsbuch 1633–1763 Hartmannsdorf bei Frauenstein

10 „Die jüngeren Matrikel der Universität Leipzig 1559–1809". 1909

11 Christian Gotthold Willisch: „Kirchen-Historie der Stadt Freyberg und der in die dasige Superintendentur eingepfarrten Städte und Dörffer", 1737

12 Tauf-, Trau- und Bestattungsbuch 1633–1763 Hartmannsdorf bei Frauenstein

13 „Die jüngeren Matrikel der Universität Leipzig 1559–1809". 1909

14 Christian Gotthold Willisch: „Kirchen-Historie der Stadt Freyberg und der in die dasige Superintendentur eingepfarrten Städte und Dörffer", 1737

Altar der Laurentiuskirche Hartmannsdorf(Foto Jürgen Blobelt, Wikimedia Commons, CC BY-SA 4.0).

bergischen Kreis"), das heutige Hartmannsdorf-Reichenau.[15,16,17] Der barocke Altar der Laurentiuskirche in Hartmannsdorf bei Frauenstein geht auf das Jahr 1724, also die Wirkungszeit der Gnaucks zurück.[18]

Zu einer Zeit, als der insgesamt seltene Familienname „Gnauck" zudem sehr stark auf den Raum Bischofswerda konzentriert war, ist mit Paul Gnauck ein relativ früher Personenwechsel in Richtung Mittelsachsen nachgewiesen. Im Adressbuch der Stadt Chemnitz von 1840 sind nur zwei Haushalte „Gnauck" bekannt, in Freiberg 1853 kein einziger. Dies zeigt, wie wenige Familienlinien „Gnauck" noch im 19. Jahrhundert in Mittelsachsen ansässig waren.

Paul Christian Gnauck (*1734, Kreisamtsaktuar in Freiberg[19]), Georg Friedrich Gnauck (*1736, lateinische Stadtschule in Chemnitz unter Johann Georg Hager[20], Steuereinnehmer von 1780 bis 1806 in Kirchberg, Crimmitschau und Colditz[21]), Carl Benjamin Gnauck (*1738, Bürgermeister von Chemnitz), Ernst Gottlieb Gnauck (*1741, Geleitseinnehmer in Liebenwerda[22,23]) und Traugott Wilhelm Gnauck (*1743, Stadtphysikus in Meißen und Rittergutsbesitzer auf Kunzwerda) stammten aus (Klein-)hartmannsdorf und waren Enkel des ehemaligen Bischofswerdaers Paul Gnauck. Eine Enkelin, Christiana Sophia, wurde 1745 geboren.[24] Die Geschwister wurden nach dem frühen Tod des Vaters von Verwandten unterstützt.[25]

15 August Hermann Kreißig: „Album der evangelisch-lutherischen Geistlichen im Königreiche Sachsen von der Reformationszeit bis zur Gegenwart". Crimmitschau, 1898

16 Johann Christian Crell: „ Das gesambte jetzt lebende Ministerium im gantzen Churfürstenthum Sachsen und incorporirten Landen". 1720

17 Karl Gottlob Dietmann: „Die gesamte der ungeänderten Augsp. Confeßion zugethane Priesterschaft in dem Churfürstenthum Sachsen und denen einverleibten, auch einigen angrenzenden Landen". Richter, 1752

18 Richard Steche: „Beschreibende Darstellung der älteren Bau- und Kunstdenkmäler des Königreichs Sachsen". Amtshauptmannschaft Dippoldiswalde, 1883

19 Sächsisches Staatsarchiv Dresden, 10036 Finanzarchiv, 10051 Kreisamt Freiberg und 10079 Landesregierung

20 Johann Georg Hager: „De pace religionis prima disserit simulque ad memoriam, saecularem pacis religiosae ...". Stoessel 1755

21 Churfürstliche Sächsische Hof- und Staats-Calender, 1780–1806

22 Leipziger Zeitung, 1.1.1816

23 Allgemeine Literaturzeitung, 8.2.1797

24 Tauf-, Trau- und Bestattungsbuch 1633–1763 Hartmannsdorf bei Frauenstein

25 Anton Wilhelm Plaz: „De arte naturam superante". Leipzig, 1772

Der Meißener Stadtphysikus Traugott Wilhelm Gnauck

Traugott Wilhelm Gnauck wurde am 10. Oktober 1743 in (Klein-) hartmannsdorf geboren.[26] Nach dem frühen Tod des Vaters fand er Aufnahme bei einem Onkel an der Jacobikirche Chemnitz.[27] Vermutlich handelte es sich dabei um Johann Gottfried Dürr, der zu seinen Paten gehört hatte. (Dürr müsste demnach der Ehemann einer Tochter von Paul Gnauck gewesen sein.) In Chemnitz besuchte Gnauck die lateinische Stadtschule unter Johann Georg Hager. Traugott Wilhelm Gnauck wurde 1764 an der Universität Leipzig immatrikuliert und beantragte 1767 bei der Neefe-Stiftung ein Stipendium für arme Studenten.[28] Er studierte Pharmazie und Medizin bei Karl Christian Krause, Johann Christoph Pohl, Anton Wilhelm Plaz und Ernst Gottlob Bose. 1772 promovierte er in Leipzig. Der in Lauterbach geborene August Gotthelf Stöckhardt gehörte zu seinen Disputanten. Ernst Gottfried Baldinger rezensierte Gnaucks Arbeit: „Die Ursache der Bewegungen soll die Seele seyn, weil auf Veränderungen in der Seele Veränderungen im Körper erfolgen". Er zitierte zudem die Kritik Gnaucks an der Theorie, dass die Kraft des Herzens mit dem Widerstand zunähme, wie Gnauck anhand einer Beschreibung des Blutkreislaufs ausführte. Insgesamt kritisierte Baldinger aber einen zu geringen Neuheitswert der Dissertation.[29] Nach dem Abschluss der Universität wirkte Gnauck als Arzt in Großenhain[30] und als Stadtarzt von Meißen. Er war mit Friederike Wilhelmine geb. Berthold verheiratet. 1787 kaufte er aus dem Besitz eines Bruders seiner Frau das Rittergut Kunzwerda.[31] 1797 ließ Gnauck in Kunzwerda ein neues Herrenhaus errichten. Am 23. Dezember 1799 ist Traugott Wilhelm Gnauck verstorben. Das Rittergut kam zunächst in den Besitz einer Erbengemeinschaft und wurde 1801 vom zweiten Ehemann der Witwe, dem Finanzkommisar Carl Friedrich Gutmacher, gekauft.[32,33]

26 Tauf-, Trau- und Bestattungsbuch 1633–1763 Hartmannsdorf bei Frauenstein
27 Anton Wilhelm Plaz: „De arte naturam superante". Leipzig, 1772
28 Sächsisches Staatsarchiv Chemnitz, 33175 Neefe Familienstiftung, Nr. 474
29 Ernst Gottfried Baldinger: „Auszüge aus den neuesten Dissertationen über die Naturlehre, Arzneiwissenschaft und alle Theile derselben". Bd. 1, Berlin und Stralsund, 1773
30 Karl Gottfried Theodor Chladenius: „Materialien zur Großenhayner Stadtchronik". Bd. 2, 1788
31 Gustav Paul Schräpler: „Geschichte der Parochie Wesnig". 1904
32 Manfred Wilde: „Die Ritter- und Freigüter in Nordsachsen". C.A. Starke, 1997
33 Renate & Jochen Braun, Dokumentation zur Geschichte des Ritterguts Kunzwerda

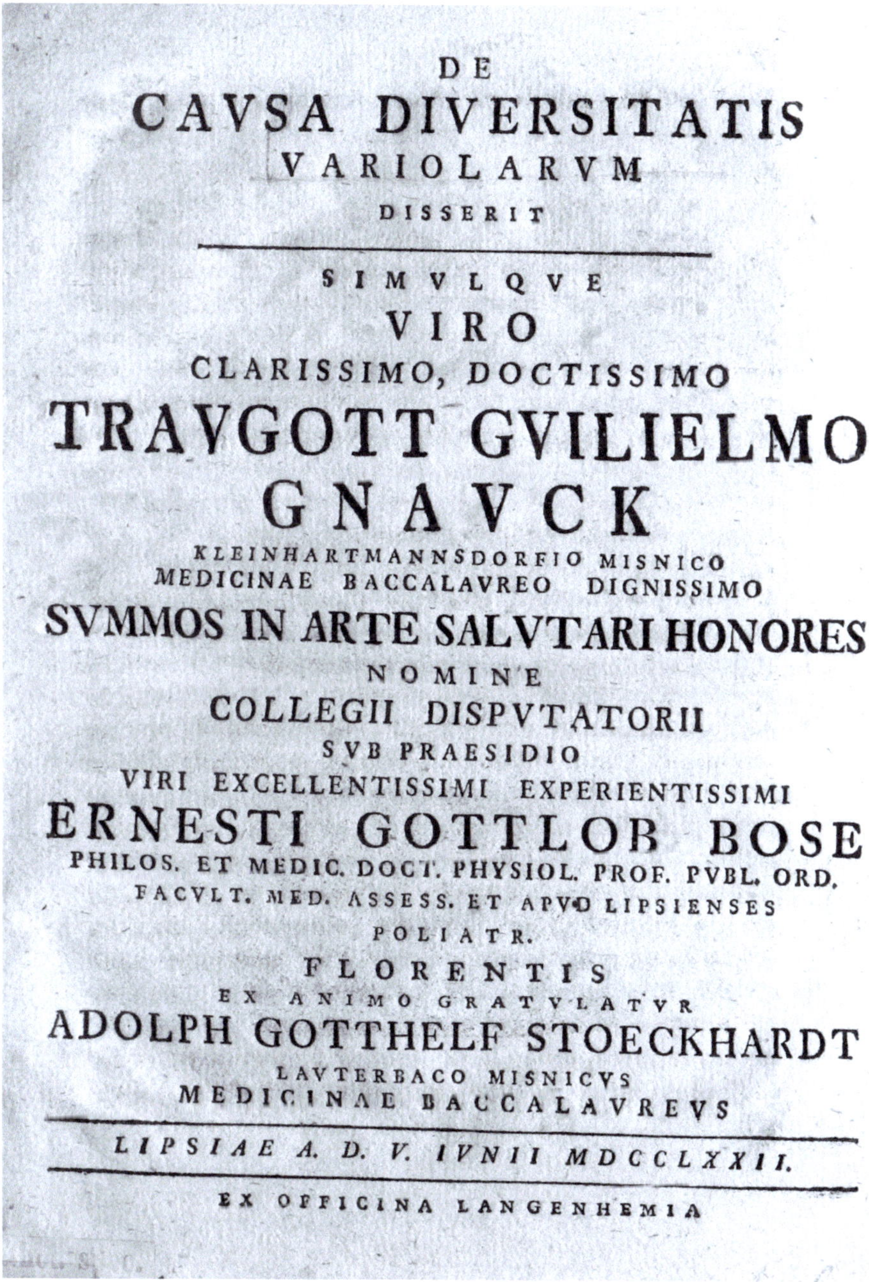
DE
CAVSA DIVERSITATIS
VARIOLARVM
DISSERIT

SIMVLQVE
VIRO
CLARISSIMO, DOCTISSIMO
TRAVGOTT GVILIELMO
GNAVCK
KLEINHARTMANNSDORFIO MISNICO
MEDICINAE BACCALAVREO DIGNISSIMO
SVMMOS IN ARTE SALVTARI HONORES
NOMINE
COLLEGII DISPVTATORII
SVB PRAESIDIO
VIRI EXCELLENTISSIMI EXPERIENTISSIMI
ERNESTI GOTTLOB BOSE
PHILOS. ET MEDIC. DOCT. PHYSIOL. PROF. PVBL. ORD.
FACVLT. MED. ASSESS. ET APVD LIPSIENSES
POLIATR.
FLORENTIS
EX ANIMO GRATVLATVR
ADOLPH GOTTHELF STOECKHARDT
LAVTERBACO MISNICVS
MEDICINAE BACCALAVREVS

LIPSIAE A. D. V. IVNII MDCCLXXII.

EX OFFICINA LANGENHEMIA

Traugott Wilhelm Gnauck aus (Klein-)hartmannsdorf promovierte 1772 an der Universität Leipzig.

Es konnte nicht geklärt werden, ob es überlebende Söhne von Traugott Wilhelm Gnauck gab. Seine Tochter Caroline heiratete 1817 den damaligen Kreissekretär und späteren Bürgermeister von Eilenburg Moritz Brunner.[34] 1865 ist sie in Eilenburg verstorben.[35] Falls sich ein Sohn im nahen Sitzenroda niedergelassen hatte, wäre der 1855 in Trossin geborene, spätere Bürgermeister von Benicia / Kalifornien Gustav Gnauck ein Urenkel von Traugott Wilhelm Gnauck gewesen.

Auch in Nordsachsen ist der Familienname „Gnauck" selten geblieben. So findet sich im Adressbuch von Torgau 1939 kein einziger Eintrag.

Der Chemnitzer Bürgermeister Carl Benjamin Gnauck und seine Familie

Carl Benjamin Gnauck wurde am 25. Dezember 1738 in (Klein-)hartmannsdorf als Sohn des dortigen Pfarrers, George Benjamin Gnauck, geboren.[36] Er besuchte in Freiberg das Gymnasium[37] und 1759 bezog er die Universität Leipzig.[38] 1767 schrieb er zusammen mit Johann Gottlieb Kreyssig „Ein wohlverdientes Zeugniß der Hochachtung dem Herrn Johann Andreas Luthern als derselbe sein Amts-Jubiläum beging" (als Rektor des Freiberger Gymnasiums). Seit den 1780er Jahren wirkte Carl Benjamin Gnauck als Steuereinnehmer[39] und Stadtrichter[40] und ab etwa 1799 als Bürgermeister in Chemnitz. Seit 1793 war er Mitglied der kursächsischen Ständeversammlung.[41] Der aus der Niederlausitz stammende Theologe Friedrich August Unger erhielt 1807 vom Stadtrat unter Gnaucks Vorsitz die Berufung als Pastor nach Chemnitz.[42]

(übermittelt am 25.4.2022)

34 Leipziger Zeitung, 4.12.1817

35 Dresdner Journal, 3.5.1865

36 Tauf-, Trau- und Bestattungsbuch 1633–1763 Hartmannsdorf bei Frauenstein

37 Johann Gottlieb Biedermann: „Hepteris Viro Summe Venerabili Atqve Doctissimo Domino Christophoro Gottlob Grundigio Ecclesiarum...", Freiberg 1760

38 „Die jüngeren Matrikel der Universität Leipzig 1559–1809". 1909

39 Gottlob Immanuel Petsche: „Beiträge zur Beförderung einer vernünftigen Kinderzucht, und wahrer Menschenliebe". 1788

40 Intelligenzblatt der Allgemeinen Literatur-Zeitung, 1790

41 Aspekte sächsischer Landtagsgeschichte. Die Mitglieder der (kur-)sächsischen Landstände (1763–1831)

42 Neues lausitzisches Magazin, 1846

Altes Rathaus Chemnitz (1837).

Carl Benjamin Gnauck ist am 28. August 1813 in Chemnitz gestorben.[43] Seine Witwe, Johanne Wilhelmine geb. Hebenstreit, ist am 2. September 1830 verstorben.[44]

1778 wurde in Chemnitz Carl Benjamin Gnaucks Tochter Kunigunde Wilhelmine geboren. Sie heiratete den Leipziger Kaufmann Georg Samuel Florey.[45] Der Pfarrer Georg Robert Florey war ihr Sohn.[46] Drei weitere Töchter heirateten ebenfalls „standesgemäß“: Amalie war mit dem Chemnitzer Kreisgerichtsrat Gustav Friedrich Ihle verheiratet[47], Auguste Luise ab 1814 mit Gottlieb Heinrich Martius, Diakon in Neukirchen[48], und Henriette heiratete 1822 den Chemnitzer Amtsinspektor Gottfried August Thomas[49]. Karl Adolph Gnauck, in Chemnitz ansässig, und Benjamin Rudolph Gnauck (Altenhain, Penig, Frankenberg) waren vermut-

43 Karin Kühnelt (Nachfahrin): Mitteilung vom 20.9.2022
44 Leipziger Zeitung, 7.9.1830
45 „Teplitz 1840, das Tagebuch des Land- und Stadtgerichtsrats Carl von Fischer“.
46 Sächsische Biografie
47 Walther Fischer: „Ihle, Friedrich Moritz“. Neue Deutsche Biographie, 1974
48 martius-familie.de
49 Leipziger Zeitung, 31.12.1822

lich Söhne von Carl Benjamin Gnauck. Alle Chemnitzer Namensträger „Gnauck“ in den Adressbüchern bis 1862 gehörten demnach zu seiner Familie.

Die gleichzeitige räumliche und zeitliche Nähe von zwei Namensträgern „Gnauck“ wird vor dem Hintergrund der Seltenheit dieses Familiennamens als starkes Indiz für einen engen verwandtschaftlichen Zusammenhang gewertet.

Die Linie Karl Adolph Gnauck in Chemnitz

Karl Adolph Gnauck besuchte um 1794 das Gymnasium in Chemnitz[50] und von 1798 bis 1801 die Universität Leipzig.[51,52] Später wirkte er in Chemnitz als Advokat und Ratsaktuar und er gehörte der dortigen Freimaurer-Loge „Zur Harmonie“ an.[53] 1837 war seine Witwe Patin der Tochter Hermine Louise von Karl Theodor Gnauck und dessen Frau Henriette Louis geb. Krummbiegel.[54] Karl Theodor Gnauck und Raimund Adolph Gnauck, beide in Chemnitz ansässig, waren Söhne von Karl Adolph Gnauck.

Raimund Adolph Gnauck, 1811 in Chemnitz geboren, besuchte von 1820 bis 1825 das Gymnasium Chemnitz. Bis 1858 arbeitete er als Schreiblehrer an der Bürgerschule[55], wo er auch Lehrbriefe und kalligraphische Arbeiten anfertigte, dann als Kontorist. Von 1862 bis 1868 wurde er wieder als Bürgerschullehrer geführt.[56] Er wohnte lange unter der selben Adresse wie seine Mutter, die Witwe von Karl Adolph Gnauck.

50 Christian Friedrich Scheithauer: „Viro Praenobilissimo, Amplissimo Nec Non Doctissimo ...“, 1794

51 Archiv der Universität Leipzig

52 Leipziger gelehrtes Tagebuch auf das Jahr 1800

53 http://freundeskreis-schlossbergmuseum.de

54 Kirchenbuch Glösa, 1837, FamilySearch

55 Heinrich Eduard Lamprecht: „Erinnerungen an die Zusammenkunft ehemaliger Lehrer und Schüler des Lyceum zu Chemnitz am 6. und 7. Oktober 1845“.

56 Handbuch der Kirchenstatistik für das Königreich Sachsen, 1868

Die Familie des Carl Benjamin Gnauck

1 Paul Gnauck (Pfarrer in Kleinhartmannsdorf, *9.1.1651 Bischofswerda, †17.6.1737)
2 George Benjamin Gnauck (Pfarrer in Kleinhartmannsdorf, *2.11.1698, †1749)
3 Paul Christian Gnauck (Kreisamtsaktuar Freiberg, *3.8.1734)
3 George Friedrich Gnauck (Steuereinnehmer in Kirchberg, Crimmitschau und Colditz, *26.1.1736)
3 **Carl Benjamin Gnauck (Bürgermeister Chemnitz, *25.12.1738, †28.8.1813)**
4 Karl Adolph Gnauck (Advokat in Chemnitz, * um 1780)
5 Raimund Adolph Gnauck (Bürgerschullehrer, *1811 Chemnitz)
5 Karl Theodor Gnauck (Angestellter in Maschinenbaufirmen)
4 Kunigunde Wilhelmine verh. Florey (Kaufmann, 1778–1847)
4 Amalie verh. Ihle (Finanzprocurator, †1874 Chemnitz)
4 Luise verh. Martius (Diakon Neukirchen, †23.12.1861 Dresden)
4 Henriette verh. Thomas (Amtsinspektor Chemnitz)
4 Benjamin Rudolph Gnauck (Gutsbesitzer Altenhain, Steuereinnehmer Penig, *2/1782 Chemnitz, †6.12.1859 Frankenberg)
5 Gustav Theodor Gnauck (Kaufmann und Wohltäter in Frankenberg, *20.11.1820 Chemnitz, †12.1.1878 Dresden)
5 Rudolph Eduard Gnauck (Kaufmann und Gründer einer freikirchlichen Gemeinde in Dresden, * um 1820 Chemnitz, †8.4.1892 Pankow)
6 Eduard Rudolf Gnauck (Arzt in Blankenburg, Pankow und Bremen, *10.2.1851 Chemnitz, †30.1.1938)
6 Anna Clara Gnauck (Konzertsängerin und Lehrerin)
5 Johann Gottlieb Gnauck (Steueraufseher in Annaberg, Chemnitz und Limbach)
3 Ernst Gottlieb Gnauck (*6.5.1741, Geleitseinnehm. Liebenwerda)
3 Traugott Wilhelm Gnauck (Stadtarzt in Meißen, Rittergutsbesitzer auf Kunzwerda, *10.10.1743, †1799)
4 Caroline verh. Brunner (†1865 Eilenburg, Gattin des Bürgermeisters)

Karl Theodor Gnauck beteiligte sich 1823 als Zögling der Freimaurer-Anstalt an einer Dresdner Kunstausstellung.[57] In Chemnitz wirkte er laut Adressbüchern als Drechsler und Schlosser, Faktor, Kontorist in der sächsischen Maschinenbauwerkstatt, Geschäftsreisender bei Haubold jun., Expedient, wieder als Fabrikdrechsler, als Kommissionär von Maschinenfirmen sowie bis 1864 als Agent, beispielsweise für „Aders, Preyer & Co" aus Manchester.[58]

Die Linie Benjamin Rudolph Gnauck in Penig, Frankenberg und Dresden

Benjamin Rudolph Gnauck wurde im Februar 1782 in Chemnitz geboren.[59] Er besaß in Altenhain bei Frankenberg ein Einhufengut, das er jedoch 1818 durch Konkurs verlor.[60] Verheiratet war er mit Friederika Amalia geb. Röhr.[61] Ab 1837 wirkte Benjamin Rudolph Gnauck als Steuereinnehmer in Penig.[62] 1852 heiratete seine Tochter Amalie (aus dem Chausseehaus Penig) den Feldwebel Friedrich Wachs aus Bautzen.[63] Am 6. Dezember 1859 ist Benjamin Rudolph Gnauck in Frankenberg gestorben.[64]

Der Frankenberger Kaufmann Gustav Theodor Gnauck, der Dresdner Kaufmann Rudolph Eduard Gnauck sowie vermutlich der zunächst für Annaberg zuständige und später ebenfalls in Frankenberg ansässige Steueraufseher Johann Gottlieb Gnauck waren Söhne von Benjamin Rudolph Gnauck. Dafür sprechen auch die Ortsangaben Frankenberg, Dresden und Stollberg in der Traueranzeige für den Vater von 1859.

---

57 „Verzeichniß der vom 3. August an in der Königlich Sächsischen Akademie der Künste in Dresden öffentlich ausgestellten Kunstwerke", 1823
58 Polytechnisches Centralblatt, 1862
59 Kirche Jesu Christi der Heiligen der letzten drei Tage, FamilySearch
60 Sächsisches Staatsarchiv Chemnitz, Versteigerung des Einhufengutes von Benjamin Rudolph Gnauk in Altenhain, 3008 Amt Chemnitz, Nr. 1672
61 Kirche Jesu Christi der Heiligen der letzten drei Tage, FamilySearch
62 Staatshandbücher für das Königreich Sachsen
63 Dresdner Journal, 29.4.1852
64 Leipziger Zeitung, 10.12.1859 (Traueranzeige)

Johann Gottlieb Gnauck wirkte 1854 als Grenzaufseher und ab 1855 als Steueraufseher.[65] Er war zunächst für Annaberg, dann im Finanzbezirk Chemnitz und bis 1885 für Limbach zuständig.[66] Sein ältester Sohn aus erster Ehe, Friedrich Moritz Gnauck, war Fleischer in Wilkau.[67]

Gustav Theodor Gnauck wurde am 20. November 1820 in Chemnitz geboren und einen Tag später getauft.[68] Es ist anzunehmen, dass der Vater nach dem Verlust seines Altenhainer Gutes kurz zuvor von seinen Verwandten in Chemnitz unterstützt wurde. 1844 heirateten der Sohn und Eduard Dähne in Frankenberg im Rahmen einer Doppelhochzeit die Schwestern Emilie und Julie Eckardt.[69] Gustav Theodor Gnauck besaß in Frankenberg Bürgerrecht seit 1844[70] und war Mitinhaber der Manufakturwarenhandlung Dähne & Harlan, die am Dresdner Altmarkt eine Zweigstelle unterhielt. Er engagierte sich für soziale und bürgerschaftliche Belange.[71] Gnauck gehörte dem Stadtrat an, wo er sich für den Ausbau von Eisenbahnverbindungen und die Gasanstalt als Voraussetzung für eine städtische Gasbeleuchtung einsetzte. Zudem war er Mitglied des Kuratoriums der städtischen Schulbehörden und einer Deputation bei der Sparkasse. Er gehörte dem Vorstand des sozialen Vereins für „Rath und That“ an, war Mitglied im Gewerbeverein und er gehörte langjährig dem Kirchenvorstand an. Besonders hervorzuheben sind sein Engagement für die Ansiedelung des Mittweidaer Technikums in Frankenberg und die Gründung eines Kindergartens. Als Wilhelm Heinrich Uhland 1867 im Streit sein Technikum von Mittweida nach Frankenberg verlegte, fand er dort große Unterstützung, so auch durch Gnauck, der dem Kuratorium angehörte.[72] Allerdings erwies sich die parallele Neugründung in Mittweida schließlich als erfolgreicher. Dem Vorstand der 1870 gegründeten „Klein-Kinder-Bewahr-Anstalt“ für Kinder von 2 bis 6 Jahren gehörte neben Gnauck auch seine Ehefrau Emilie an,

65 Dresdner Journal, 31.1.1855
66 Staatshandbücher für das Königreich Sachsen
67 Frankenberger Nachrichtsblatt und Bezirksanzeiger, 8.7.1874
68 Kirche Jesu Christi der Heiligen der letzten drei Tage, FamilySearch
69 Deutsche allgemeine Zeitung, 27.7.1844
70 Dresdner Journal, 20.1.1878
71 Bernd Ullrich: „Vor 140 Jahren starb ein Wohltäter der Stadt Frankenberg – Gustav Theodor Gnauck“. Frankenberger Amtsblatt, 5.10.2018
72 Frankenberger Nachrichtsblatt und Bezirksanzeiger, 16.3.1870

welche die Gründung maßgeblich betrieben hatte.[73] Ende 1875 schied Gustav Theodor Gnauck aus dem Geschäft aus.[74] 1877 wurde ihm das Ritterkreuz 1. Klasse des Albrechtsordens verliehen.[75] Gestorben ist er am 12. Januar 1878 in Dresden. Per testamentarischer Verfügung stiftete Gustav Theodor Gnauck seiner Stadt Unterstützungsfonds für Handel und Gewerbetätigkeit. Aus den Zinsen wurden beispielsweise Prämien für Frankenberger Schüler gezahlt.[76] Die Witwe war bis zu ihrem Tod 1898 in Dresden im Umfeld ihres Schwagers Rudolph Eduard Gnauck ansässig. Sie bedachte mit einem umfangreichen Vermächtnis ebenfalls die Gnauck'schen Stiftungen.[77] Diese Stiftungen kamen unter anderem dem Frauenverein, der Gustav-Adolf-Stiftung, dem Kindergarten, dem Verein zu „Rath und That", dem Verein zur „Herberge der Heimath" und dem Missionsverein zu Gute.[78] Ein Teil des Vermächtnisses ging an den Gemeinnützigen Verein in Dresden.[79] Die Gnauckstraße in Frankenberg erinnert seit 1901 an die Verdienste von Gustav Theodor Gnauck.

Rudolph Eduard Gnauck wurde um 1820 in Chemnitz geboren.[80] Er arbeitete ab 1840 als Ökonomieinspektor auf dem Rittergut Cosel bei Königsbrück, dann als Justizamtskopist und Comptorist in Chemnitz. 1840 heiratete er Thekla Emmeline geb. Kreyssig.[81] In Hermsdorf war Gnauck Mitbesitzer von Schlossmühle und Papierfabrik.[82] 1855 ließ er sich in Dresden als Kaufmann nieder.[83] 1862 gründete Rudolph Eduard Gnauck die Firma „E. Gnauck"[84], die für ihre Lederwaren bekannt wurde. Er gehörte seit 1857 dem Verein der evangelisch-lutherischen Glaubensgenossen in Dresden an, war von 1863 bis 1886 dessen Vorsit-

73 Frankenberger Nachrichtsblatt und Bezirksanzeiger, 22.5.1874
74 Frankenberger Nachrichtsblatt und Bezirksanzeiger, 11.1.1876
75 Zeitschrift für Rechtspflege und Verwaltung, zunächst für das Königreich Sachsen, Bd. 44, 1877
76 Leipziger Tageblatt und Anzeiger, 14.1.1879
77 Dresdner Journal, 20.3.1900
78 Leipziger Tageblatt und Anzeiger, 16.12.1898
79 Dresdner Nachrichten, 12.4.1899
80 Gottfried Herrmann: „Lutherische Freikirche in Sachsen". Evangelische Verlagsanstalt, 1985 (übermittelt von Andreas Drechsler, Dresden, 20.1.2020)
81 Dresdner Anzeiger, 20.8.1840
82 Leipziger Zeitung, 24.9.1854
83 Adreß- und Geschäftshandbuch der königlichen Residenz- und Hauptstadt Dresden, 1856
84 Sammlung der deutschen Handels-Register, 1862

zender und 1868 Mitbegründer und Vorsitzender des Lutheraner-Vereins Dresden.[85] 1871 gehörte Rudolph Eduard Gnauck zu den Gründern der freikirchlichen St. Trinitatis-Gemeinde und er wirkte als deren erster Vorstand. Von 1866 bis 1872 verantwortete er die Redaktion von „Mission und Kirche". 1873 ist Rudolph Eduard Gnauck aus der St. Trinitatis-Gemeinde ausgeschieden. Er war danach noch Vorsitzender des Vereins „evangelisch-lutherischer Glaubensgenossen für innere Mission und Unterstützung Kranker und Armer" und Vorsteher des „Wilhelm-Stifts" für die Ausbildung von Kindergärtnerinnen.[86] 1887 zog Gnauck nach Pankow, wo er der altlutherischen Gemeinde angehörte und am 8. April 1892 gestorben ist.[87]

Die Lehrerin Anna Clara Gnauck ist in Dresdner Adressbüchern mit Unterbrechungen von 1871 bis 1904 nachgewiesen (auch als: Clara Gnauck, Clara Anna Gnauck). Anfangs wurde sie unter derselben Adresse geführt wie Rudolph Eduard Gnauck, was den Schluss zulässt, dass sie seine Tochter war. Sie wohnte in Dresden zudem einige Zeit mit ihrer Tante Emilie aus Frankenberg zusammen. Vermutlich beziehen sich Informationen zu einer Konzertsängerin Anna Gnauck auf dieselbe Person, die als Künstlerin aber ihren ersten Vornamen führte. In den 1860er Jahren war Anna Gnauck von Friedrich Wieck in Dresden ausgebildet worden.[88,89] Später trat sie wiederholt in Frankenberg auf, 1871 zusammen mit einer Schwester.[90] Die Lehrerin Clara Gnauck, aus Bordeaux gekommen, gründete 1874 in Dresden eine „Privatschule für Mädchen in Verbindung mit einer Fortbildungsklasse für erwachsene Töchter und einem Fröbel'schen Kindergarten".[91] Mit der für Franken-

85 Gottfried Herrmann: „Lutherische Freikirche in Sachsen". Evangelische Verlagsanstalt, 1985 (übermittelt von Andreas Drechsler, Dresden, 20.1.2020)

86 Adreß- und Geschäftshandbuch der königlichen Residenz- und Hauptstadt Dresden, 1879

87 Bericht des Vorstandes der Dresdner Kaufmannschaft an die ordentliche Innungs-Versammlung, 1893

88 Cathleen Köckritz: „Friedrich Wieck: Studien zur Biographie und zur Klavierpädagogik". Olms 2007

89 Dresdner Nachrichten, 4.4.1867

90 Frankenberger Nachrichtsblatt und Bezirksanzeiger über ein Konzert zu Gunsten der Frankenberger Kinderbewahranstalt, 25.1.1871

91 Sächsisches Staatsarchiv, 10747, Kreishauptmannschaft Dresden, Nr. 2455, Bewilligungsbeschluss zum Antrag von Clara Gnauck

berg angegebenen Schwester könnte eine Louise Emmeline Gnauck gemeint gewesen sein, die Ende der 1870er Jahre als Lehrerin arbeitete und benachbart zu einem Haus des Vaters lebte. Anna Gnauck sang zu jener Zeit an der Berliner Singakademie, was auch ihr zeitweiliges Fehlen in den Dresdner Adressbüchern erklären kann.[92] Sie hatte eine weitere Gesangsausbildung durch Gustav Wilhelm Teschner erhalten.

Der Nervenarzt Rudolf Gnauck in Pankow

Noch in Chemnitz war am 10. Februar 1851 Rudolph Eduard Gnaucks Sohn Eduard Rudolf Gnauck geboren worden. Er besuchte von 1864 bis 1867 das Gymnasium St. Afra in Meißen[93], danach die Lehranstalt von Christian Friedrich Krause in Dresden und legte 1870 an der Kreuzschule das Abitur ab.[94] Im selben Jahr wurde er in Leipzig zum Medizinstudium immatrikuliert.[95] Seine Promotion zum Dr. med. erlangte Gnauck 1875 an der Universität Gießen.[96]

Seine erste Arbeitsstelle erhielt Eduard Rudolf Gnauck 1876 als Hilfsarzt in Dresden-Friedrichstadt.[97] 1877 wurde er Assistent an einer Heil- und Kuranstalt für Nervenkranke in Blankenburg.[98] Hier vertiefte er seine Kenntnisse in den verschiedenen physikalischen Therapien, insbesondere der Hydrotherapie. In Blankenburg lernte Gnauck auch seine spätere Ehefrau Elisabeth Kühne kennen, die dort ein Erziehungsinstitut für höhere Töchter führte.

1880 ging Gnauck als Assistenzarzt an die Psychiatrische Klinik der Charité nach Berlin.[99] Seine wissenschaftlichen Arbeiten wurden seinerzeit vielfach zitiert. 1883 gründete Eduard Rudolf Gnauck in Pankow

92 Bielefelder Tageblatt, 4.12.1877

93 August Hermann Kreissig: „Afraner-Album“. 1876

94 Programm des Gymnasiums zum Heiligen Kreuz in Dresden, 1870

95 Archiv der Universität Leipzig

96 Justus Liebig-Universität Gießen, Schriften der hessischen Hochschulen, 1925 (mit Bezug zu Gnaucks goldenem Doktorjubiläum)

97 Festschrift zur Feier des fünfzigjährigen Bestehens des Stadtkrankenhauses zu Dresden-Friedrichstadt, 1899

98 Berliner klinische Wochenschrift, 30.4.1877

99 Hubertus Averbeck: „Von der Kaltwasserkur bis zur physikalischen Therapie“. Books on Demand, 2013

Dr. med. Eduard Rudolf Gnauck.

eine Nervenheilanstalt. Dieses finanziell sehr ehrgeizige Projekt sollte schließlich seine Möglichkeiten übersteigen. Die 1888 geschlossene Ehe mit der später als Frauenrechtlerin berühmt gewordenen Elisabeth Gnauck-Kühne scheiterte rasch und wurde 1890 geschieden. Allem Anschein nach hatte Gnauck die Ehe aus finanziellen Beweggründen geschlossen. Um den Jahreswechsel 1892/93 ließ sich Hans von Bülow, Chefdirigent der Berliner Philharmoniker, mehrere Monate bei Gnauck gegen seine chronischen Kopfschmerzen behandeln.[100] 1895 verkaufte Eduard Rudolf Gnauck seine Nervenheilanstalt in Pankow. Ab 1898 arbeitete er am „Curhaus Hubertus" in Schlachtensee.[101] 1901 wurde Gnauck, inzwischen praktizierender Arzt, wegen der Unterschlagung ausgeliehener Schmuckstücke bei einem Juwelier zu einer dreimonatigen Gefängnisstrafe verurteilt.[102] Danach kehrte er als praktizierender Arzt nach Dresden zurück.[103]

1907 ging Eduard Rudolf Gnauck zunächst als leitender Nervenarzt an das Sanatorium auf dem Drachenkopf bei Eberswalde.[104,105] Noch im selben Jahr ließ er sich mit eigener Praxis in Bremen nieder, wo er sich auf physikalische und diätische Therapien spezialisierte.[106] Während des Ersten Weltkriegs diente Gnauck freiwillig als Regimentsarzt an der Front. Zwischenzeitlich war er auch in Perleberg tätig.[107] Er hatte noch ein zweites Mal geheiratet. Eduard Rudolf Gnauck ist am 30. Januar 1938 verstorben.[108]

Gemäß Zitierungen in der nationalen und internationalen Presse waren Eduard Rudolf Gnauck und seine geschiedene Ehefrau Elisabeth Gnauck-Kühne die bekanntesten Namensträger „Gnauck" um 1900.

100 Eugen Zabel: „Hans von Bülow: Gedenkblätter aus seinen letzten Lebensjahren". 1894
101 Alma Kreuter: „Deutschsprachige Neurologen und Psychiater". Gruyter, 2013
102 Norddeutsche allgemeine Zeitung, 24.4.1901
103 Dresdner Adressbuch, 1904
104 Dresdner Journal, 26.1.1907
105 Leipziger Tageblatt und Handelszeitung, 28.5.1907
106 Adressbücher der Hansestadt Bremen
107 Berliner klinische Wochenschrift, 1918, S. 1232
108 Afranisches Ecce, Bd. 43, 1938

Der Zwickauer Amtsstraßenmeister Gottlieb August Gnauck und seine Söhne

Gottlieb August Gnauck, um 1835 geboren, arbeitete in den 1860er Jahren als Amtsstraßenmeister in Silberstraße[1], wo auch seine Söhne Max (1863), Hans (1865) und Hugo (1866) geboren wurden.[2] 1874 erfolgte seine Versetzung nach Zwickau.[3] 1887 wurde er mit dem Albrechtskreuz und 1899 mit dem Verdienstkreuz ausgezeichnet.[4] Der Sohn Hugo Gnauck besuchte ab 1878 das Gymnasium Zwickau, 1887 wechselte er nach Bautzen.[5,6] Von 1890 bis 1893 in Leipzig, zwischenzeitlich in Würzburg und wieder in Leipzig studierte und promovierte er in Medizin.[7] Hugo Gnauck ließ sich als Arzt zunächst in Clausnitz und zuletzt in Bärenwalde nieder. Im September 1900 ist er in Zwickau verstorben.[8] Zuvor war er als Unterarzt der Reserve vom Landgericht Zwickau wegen versuchter Bestechung im Zusammenhang mit einer Musterung für den Militärdienst zu einer Geldstrafe verurteilt worden.[9] Sein Bruder Hans Gnauck, der nach dem Besuch der Realschule I. Ordnung in Zwickau ab 1890 an der Universität Leipzig Pharmazie[10] studiert hatte, war schon 1892 in Zwickau verstorben.[11] Ihr Vater lebte als Pensionär ab 1900 bis 1906 in Bärenwalde.[12] Aus der unmittelbaren Nachbarschaft zu Wilkau, der räumlichen Nähe zu Stollberg und den zeitlichen Relationen lässt sich vermuten, dass der zunächst in Silberstraße tätig gewesene Gottlieb August Gnauck zur Familie des Peniger Steuereinnehmers Benjamin Rudolph Gnauck und damit zu den Nachfahren des Bischofswerdaer Paul Gnauck gehört hatte.

---

1 Die Heimat, Nr. 81, 1921
2 Schulprogramme des Gymnasiums und der Realschule Zwickau, versch. Jahrgänge
3 Erzgebirgischer Volksfreund, 20.5.1874
4 Staatshandbuch für das Königreich Sachsen, 1900
5 Jahresbericht des Gymnasiums zu Zwickau, 1887
6 Der Wechsel von Zwickau nach Bautzen ist vermutlich auf verwandtschaftliche Kontakte dorthin zurückzuführen (eine Tochter aus Penig hatte nach Bautzen geheiratet).
7 Dresdner Journal, 5.9.1896
8 Dresdner Nachrichten, 13.9.1900, Abendausgabe
9 General-Anzeiger für Bonn und Umgegend, 20.7.1900
10 Archiv der Universität Leipzig
11 Leipziger Tageblatt und Anzeiger, 19.8.1892, Abendausgabe
12 Staatshandbücher für das Königreich Sachsen, verschiedene Jahrgänge

Bedeutende Bischofswerdaer Namensträger „Gnauck“ vom 18. bis 20. Jahrhundert

Aus Bischofswerda über Berlin nach Missouri

Der am 30. März 1754 in Bischofswerda als Sohn eines Georg Gnauck und einer Johanna geb. Glantz geborene Samuel Leberecht Gnauck[1] ist am 19. September 1818 in Potsdam verstorben.[2] Bei seinem Vater handelte es sich vermutlich um jenen George Gnauck, der 1768 als Tagelöhner auf Feuerwache die Auswirkungen eines Erdbebens in der Oberlausitz bezeugte.[3]

Für Jungen aus niederen sozialen Schichten blieb seinerzeit häufig nur der Weg zum Militär. Um 1790 gehörte Samuel Leberecht Gnauck der Petrikirchgemeinde in Berlin an.[4] Er wirkte als Ökonomist und bekleidete zuletzt den Rang eines Haushofmeisters. Gnauck betrieb in Klein-Glienicke ein zoologisches Kabinett mit einer umfangreichen Sammlung an präparierten Vögeln, Säugetieren sowie Eiern, Insekten und Sämereien.[5,6]

Der Lebensweg von Samuel Leberecht Gnauck lässt vermuten, dass er möglicherweise entscheidend von Carl Heinrich August Graf von Lindenau geprägt worden war, der zunächst der kursächsischen Armee angehörte, 1786 in preußische Dienste trat, in Berlin um 1790 die Tierarzneischule aufbaute und ab 1796 in Glienicke sowie später in der Neumark Güter besaß.[7]

1 Kirche Jesu Christi der Heiligen der letzten drei Tage, FamilySearch

2 Berlinische Nachrichten von Staats- und gelehrten Sachen, 26.9.1818

3 Sächsischer Erzähler, 9.11.1936

4 Deutschland, evangelische Kirchenbücher 1500–1971, FamilySearch

5 Berlinische Nachrichten von Staats- und gelehrten Sachen, 20.4.1819

6 Guide de Berlin, de Potsdam et des environs, 1813

7 Ronny Bernd Marquart: „Leben und Wirken des Oberstallmeisters Carl Heinrich August Graf von Lindenau (1759–1842) mit besonderer Betrachtung seiner Leistungen für die Entwicklung der preußischen Pferdezucht“. Dissertation Freie Universität Berlin, 2018

Ein Sohn, Samuel Christian Gnauck, war zwischenzeitlich als Ökonomieinspektor in Sellnow in der Neumark tätig[8], wo 1814 auch eine Tochter geboren wurde[9], und dann in Berlin ansässig. Dessen Sohn Robert Leberecht Gnauck, am 16. Mai 1818 geboren, diente bei einem preußischen Garderegiment.[10] Dessen Sohn Louis Gnauck wurde am 23. Juli 1852 in Berlin geboren.[11]

Louis Gnauck wanderte 1881 in die USA aus[12] und ließ sich in Missouri nieder. Er betrieb in St. Louis einen Handel mit Haushaltsgegenständen aus Steingut[13] und führte einen Saloon[14]. Während der Prohibition wurde er wegen des Verkaufs berauschender Liköre verurteilt.[15] Am 27. Mai 1933 ist Louis Gnauck in St. Louis verstorben.[16]

Nach dem Stadtbrand von 1813

Der Ortsrichter Johann Gottfried Gnauck aus Geißmannsdorf hielt anlässlich der „Hebung des Rathhauses", nach Plänen von Gottlob Friedrich Thormeyer errichtet, am 19. Dezember 1818 eine Rede.[17]

Der Leinwandfabrikant Johann Christoph Gnauck diente Bischofswerda über viele Jahre als Gemeindeältester und Senator. Geboren wurde er am 10. Dezember 1776.[18] Sein Vater (*1751) und sein Großvater (*1730), beide Christoph Gnauck, sind in Bischofswerda nachgewiesen.[19] Im Frühjahr des Jahres 1813 war Johann Christoph Gnauck einer der Hauptleidtragenden von Plünderungen während des napoleonischen

---

8 Neumark-Datenbank der Arbeitsgemeinschaft ostdeutscher Familienforscher, 27.7.2023
9 Deutschland, evangelische Kirchenbücher 1500–1971, FamilySearch
10 Deutschland, evangelische Kirchenbücher 1500–1971, FamilySearch
11 Kirchenbuch evangelische Garnisionsgemeinde Berlin, FamilySearch
12 Kirche Jesu Christi der Heiligen der letzten drei Tage, FamilySearch
13 St. Louis city directory, 1892
14 Missouri State Gazetteer and Business Directory, 1893
15 The Southwestern Reporter, 1920
16 findagrave.com
17 Karl Wilhelm Mittag: „Chronik der königlich sächsischen Stadt Bischofswerda". May Bischofswerda, 1861
18 Sächsischer Erzähler, 17.3.1849 (Geburtsjahr und -monat errechnet)
19 Kirche Jesu Christi der Heiligen der letzten drei Tage, FamilySearch

Das herausragende Ereignis in Bischofswerda zur Zeit von Johann Christoph Gnauck war 1818 die Weihe der Stadtkirche nach einem Entwurf von Hofbaumeister Gottlob Friedrich Thormeyer und mit musikalischer Begleitung durch Hofkapellmeister Francesco Morlacchi.

Krieges. Er verlor insgesamt 2150 Taler.[20] Am 7. Juli gehörte Gnauck einer Bischofswerdaer Delegation an, die den Kaiser in Dresden nach dem Stadtbrand vom Mai um Unterstützung ersuchte.[21] Anlässlich von Feierlichkeiten für wiederhergestellte, ehemals zerstörte oder beschädigte Gebäude unterzeichnete Gnauck mehrere Dokumente, beispielsweise zur Begräbniskirche am 3. September 1814[22] und ebenfalls 1814 zur Fronfeste.[23] Zur Einweihung des Denkmals für Friedrich August den Gerechten nach einem Entwurf von Gottlob Friedrich Thormeyer im Jahre 1818 vertrat er die Leinweberinnung.[24] In den 1820er Jahren beteiligte sich Gnauck als Aktionär an der Elb-amerikanischen Compagnie zur Förderung des Überseehandels.[25] 1832 wurde er in einen Bürgerausschuss zur Einführung der neuen Städteordnung in Bischofswerda gewählt.[26] 1844 gehörte er zu den Gründern des städtischen Gustav-Adolf-Vereins.[27] Am 5 März 1849 ist Johann Christoph Gnauck in Bischofswerda verstorben.[28]

Die Kolonialwarenhändler Gnauck in Bischofswerda

1864 erwarb Carl Friedrich Gnauck das Bischofswerdaer Bürgerrecht[29] und gründete das Kolonialwarengeschäft „C.F. Gnauck“[30]. Zuvor hatte er schon als Prokurist bei der Firma Francke gearbeitet. Gnauck wirkte als Stadtverordneter[31], als Hauptschöffe am Bischofswerdaer Amtsgericht[32],

20 Karl Wilhelm Mittag: „Chronik der königlich sächsischen Stadt Bischofswerda“. May Bischofswerda, 1861

21 „Aus dem Tagebuche des Stadtschreibers Heinrich Gottlob Süßemilch“. Sächsischer Erzähler, 22.6.1913

22 „Die Urkunde im Thurmknopfe der Begräbniskirche zu Bischofswerda“. Sächsischer Erzähler, 8.10.1881

23 Sächsischer Erzähler, 11.2.1854

24 Sächsischer Erzähler, 3.7.1889

25 Jörg Ludwig: „Der Handel Sachsens nach Spanien und Lateinamerika, 1760–1830“. Nouvelle Alliance, 1994

26 Karl Wilhelm Mittag: „Chronik der königlich sächsischen Stadt Bischofswerda“. May Bischofswerda, 1861

27 Sächsischer Erzähler, 9.7.1901

28 Sächsischer Erzähler, 17.3.1849

29 Sächsischer Erzähler, 30.9.1891

30 Leipziger Zeitung, 7.7.1864

31 Sächsischer Erzähler, 5.9.1874

32 Sächsischer Erzähler, 8.12.1883

als Ausschussmitglied im Gewerbeverein[33], war Senior bei der Schützengesellschaft[34], Mitglied im Gebirgsverein für die Sächsische Schweiz[35] und im Frauenverein[36]. 1883 gehörte er zu den Mitbegründern einer Luther-Stiftung.[37] Im April 1909 ist er in Bischofswerda verstorben.[38] Bei einem Heimatfest im Jahre 1913 wurden anlässlich des 100. Jahrestages des großen Stadtbrandes die Bildnisse hervorragender Bischofswerdaer vorgestellt, darunter von Carl Gnauck.[39]

Der Kaufmann Karl Friedrich Hermann Gnauck (1866-1936)[40] war ein langjähriges Mitglied der Stadtverordnetenversammlung von Bischofswerda. 1891 trat er als Miteigentümer in das Kolonialwarengeschäft seines Vaters ein.[41] 1893 erhielt Hermann Gnauck das Bischofswerdaer Bürgerrecht.[42] 1903 und 1907 kandidierte er für die Freisinnige Volkspartei bei den Reichstagswahlen, verlor aber im Wahlkreis Bautzen-Kamenz jeweils gegen Heinrich Gräfe.[43] Gnauck war Vorsitzender der Ortskrankenkasse[44] und engagierte sich für den Frauenverein, den Turnverein, den Deutschnationalen Handlungsgehilfen-Verband und im Gebirgsverein für die Sächsische Schweiz. 1905 berichtete er vor dem naturwissenschaftlichen Verein in Bischofswerda über seine Besteigung des Großglockner im Jahr zuvor.[45] Von 1906 bis 1910 und kriegsbedingt vertretungsweise von 1914 bis 1918 leitete Gnauck die städtische Feuerwehr.[46] 1916 wurde er mit dem Kriegsverdienstkreuz ausgezeichnet[47] und 1923 ernannte ihn die Feuerwehr zum Ehrenmitglied[48]. Nach dem Ende des Ersten Weltkriegs engagierte sich Gnauck linksliberal. Er

---

33 Sächsischer Erzähler, 18.10.1884
34 Sächsischer Erzähler, 21.5.1884
35 Verzeichnis für die Mitglieder des Gebirgsvereins für die Sächsische Schweiz, 1894
36 Sächsischer Erzähler, 17.3.1906
37 Sächsischer Erzähler, 10.11.1883
38 Sächsischer Erzähler, 14.4.1909
39 Sächsischer Erzähler, 25.6.1913
40 Sächsischer Erzähler, 5.11.1936
41 Leipziger Tageblatt und Anzeiger, 22.1.1891
42 Sächsischer Erzähler, 23.10.1902
43 Verhandlungen des Reichstags, Bände 207, 245
44 Sächsischer Erzähler, 7.1.1896
45 Sächsischer Erzähler, 14.10.1905
46 Sächsischer Erzähler, 16.5.1926
47 Sächsischer Erzähler, 4.3.1916
48 Sächsischer Erzähler, 24.1.1923

gehörte zu den Mitbegründern eines Bürgerrats[49] und war Mitglied der Deutschen demokratischen Partei[50]. Seit ihrer Gründung im Jahre 1916 bis 1927 leitete Gnauck die Bischofswerdaer Lichtspiele.[51]

Die Belmsdorfer Bürgermeisterfamilie Gnauck

Richard Gnauck, 1857 geboren, wurde 1883 in den Gemeinderat von Belmsdorf gewählt[52], wirkte von 1887 bis 1898 als Gemeindevorstand und danach als Gemeindeältester. Seit 1895 war er zudem für mehr als 40 Jahre Ortsrichter und seit 1885 für mehr als 50 Jahre als Schlachtsteuereinnehmer tätig.[53] Er wirkte als Schöffe am Gericht in Bischofswerda[54], als Sachverständiger für die Schadensermittlung nach Seuchen[55] und er gehörte 1900 zu den Gründern der Belmsdorfer Feuerwehr.[56] Im Mai 1938 ist Richard Gnauck verstorben.[57]

1930 wurde Max Gnauck, ein Sohn von Richard Gnauck, zum Bürgermeister von Belmsdorf gewählt. In dieser Funktion gehörte er als stellvertretendes Vorstandsmitglied der Unterhaltungsgenossenschaft für die Wesenitz von Steinigtwolmsdorf bis Großharthau an.[58] Er wirkte als Jagdvorstand[59] und gehörte der Bischofswerdaer Kirchgemeindevertretung an.[60] 1937 legte Gnauck das Bürgermeisteramt nieder.[61]

---

49 Sächsischer Erzähler, 24.11.1918
50 Sächsischer Erzähler, 30.3.1919
51 Sächsischer Erzähler, 24.5.1916 und 13.5.1927
52 Sächsischer Erzähler, 4.5.1938
53 Sächsischer Erzähler, 24.8.1935
54 Sächsischer Erzähler, 9.1.1913
55 Sächsischer Erzähler, 4.1.1914
56 Sächsischer Erzähler, 24.8.1935
57 Sächsischer Erzähler, 4.5.1938
58 Sächsischer Erzähler, 22.10.1936
59 Sächsischer Erzähler, 7.8.1926
60 Sächsischer Erzähler, 21.7.1933
61 Sächsischer Erzähler, 13.7.1937

Eine Familie Gnauck in Nordsachsen, ihre vermutliche Abstammung aus der Oberlausitz und Emigration nach Kalifornien

Eine Familie Gnauck betrieb seit 1825 in Trossin in der damaligen preußischen Provinz Sachsen ein Gasthaus. Sie war zuvor aus Sitzenroda zugezogen.[1] Aufgrund der geringen räumlichen Entfernung von Kunzwerda könnte vermutet werden, dass es sich dabei um Nachfahren von Traugott Wilhelm Gnauck aus der Bischofswerdaer Linie gehandelt hat. Im ebenfalls sehr nahen Wurzen waren aber im 18. Jahrhundert Weickersdorfer Gnaucks ansässig. Der Landfuhrmann und Gerichtsschöppe Christoph Gnauck, 1725 in Weickersdorf geboren, ein Bruder des Freirichters Andreas Gnauck und Großvater des späteren Gemeindevorstands Carl Christoph Gnauck, ist 1763 auf Besuch bei seinem Bruder Gottfried (1728–1778), einem Gasthalter in Wurzen, verstorben.[2]

Der kalifornische Bürgermeister Gustav Gnauck

Gustav Gnauck wurde am 5. September 1855 in Trossin geboren.[3] Er besuchte bis 1864 das Gymnasium in Torgau.[4] 1874 emigrierte er auf der „Thuringia" von Hamburg aus in die USA. Gnauck ließ sich zunächst in Detroit / Michigan nieder, ab 1875 arbeitete er im kalifornischen Benicia in der Brauerei von John Rüger.[5] Zusammen mit einem Geschäftspartner übernahm er 1880 die Brauerei. 1881 heiratete Gnauck die geborene Schweizerin Emilie Voegeli, die geschiedene Ehefrau von John Rüger.[6] Im Jahr darauf ließ er sich einbürgern. 1884 zahlte Gustav Gnauck seinen Partner aus und wurde Alleininhaber. Seinen Bruder Wilhelm

1 Renate Klausnitzer: „Zwischendurch sogar Kino und Bürgermeisteramt. Die ehemalige Gaststätte der Familie Gnauck in Trossin an der Falkenberger – Ecke Dahlenberger Straße hat eine lange Geschichte". Torgauer Zeitung, 11.2.2016

2 Kirchenbuch Wurzen, FamilySearch

3 United States Passport Applications 1795–1905, Washington D.C., National Archives and Records Administration, FamilySearch

4 Schulprogramme des Gymnasiums zu Torgau (ohne Angabe des Vornamens)

5 James Miller Guinn: „History of the State of California and Biographical Record of Coast Counties". 1904

6 California Marriages 1850–1945, FamilySearch

Gustav Gnauck (1897).

(1862–1925), in Trossin Kunstgärtner[7], holte er in die USA nach.[8] Wilhelm (William) Gnauck arbeitete als Braumeister in der Brauerei seines

7 Deutsche Gärtner-Zeitung, 1.4.1883
8 United States Census 1900, FamilySearch

Emilie Gnauck (1901).

Bruders und engagierte sich für die sozialdemokratische Partei.[9] Zur Familie gehörten auch die beiden Stiefsöhne Theodor und Gottfried Rüger. 1897/1898 war Gustav Gnauck Bürgermeister von Benicia[10], als „Trustee" diente er seiner Stadt 12 Jahre. Neben seiner Brauerei war er in einem Minenunternehmen als Präsident und einem Fährunternehmen als Vize-Präsident engagiert. Mit seinem Stiefsohn Theodor führte er bis 1914 ein gemeinsames Klempnerei-Unternehmen.[11] Zur Zeit der Prohibition stellte die Brauerei Gnauck auf Soda um. Gustav Gnauck war Freimaurer bei den Royal Arch Masons.[12] Am 14. September 1921 ist er in San Francisco gestorben.[13]

Die Pianistin Emilie Gnauck

Emilie Gnauck, geboren am 11. Januar 1882 in Benicia, besuchte mit ihrem Vater, Gustav Gnauck, 1897 Deutschland. In Leipzig ließ sich der Vater überzeugen, seiner Tochter ein Musikstudium zu ermöglichen. Emilie Gnauck studierte vier Jahre am Leipziger Konservatorium Klavier bei Robert Teichmüller. 1901 legte sie ihre Prüfung mit einem Stück von Ludwig van Beethoven ab (op. 37).[14] Nach ihrer Rückkehr nach Kalifornien ist sie mehrfach erfolgreich als Konzertpianistin aufgetreten, beispielsweise 1914 im San Francisco Musical Club mit Henry Cowell, der dabei sein Debüt feierte.[15] Um 1909 war Emilie Gnauck an der University of California in Berkeley eingeschrieben.[16] 1915 heiratete sie den Chemiker George Dunlap McLaughlin.[17] Später lebten sie in Cincinnati / Ohio und Racine / Wisconsin, wo Emilie als Musiklehrerin arbeitete.[18] Am 2. Dezember 1965 ist Emilie Gnauck in Sonoma / Kalifornien gestorben.

---

9 joincalifornia.com

10 „Words from North and South", San Francisco Call, 31.3.1897

11 Domestic Engineering, 1914

12 Proceedings of the Grand Chapter of Royal Arch Masons of the State of California at its Annual Convocation, 1910

13 „Benicia Pioneer Funeral Planned", San Francisco Call, 16.9.1921

14 „Returns from Germany, famed as a Musician", San Francisco Call, 8.9.1901

15 Michael Hicks: „Henry Cowell, Bohemian". 2002

16 Register of the University of California, Berkeley, 1909

17 Charles H. Behre jr., David B. Eisendrath: „George Dunlap Mc Laughlin 1887–1945". Science, 5.4.1946

18 Proceedings of the Music Teachers' National Association, Bd. 58, 1934

Eine Familie Gnauck aus Burkau, ihre Verbreitung über das Vogtland und Emigration in die USA

Johann Christoph Gnauck, 1770 in Burkau geboren, arbeitete um 1800 als Schäfer auf dem Rittergut Netzschkau im Vogtland, zunächst unter Friedrich Wilhelm August Carl von Bose, dann unter Moritz Levin Friedrich von Schulenburg. 1816 pachtete Gnauck das Rittergut, später besaß er ein eigenes Gut in Gottesgrün, wo er 1824 verstorben ist.[1] 1822 hatte ihn Johann Georg Reismann in Brockau wegen schuldigen Zinsgetreides verklagt[2] und 1823 kam es zu Auseinandersetzungen mit der Firma „Angermann & Comp.“ in Schleiz, für die er als Vertreter gearbeitet hatte, wegen eines vermeintlichen Betrugs.[3,4] Gnaucks Nachfahren waren vor allem in Netzschkau, Irchwitz bei Greiz, Elsterberg und Fraureuth ansässig. Johann Christoph Gnaucks Vorfahren sind ab etwa 1600 über fünf Generation als Bauern in Burkau bei Bischofswerda nachgewiesen.[5]

In Westsachsen ist der Familienname „Gnauck“ in der Folgezeit selten geblieben. Noch 1854 findet sich in den Adressbüchern von Zwickau und Plauen kein einziger Eintrag.

Der Chemnitzer Handschuhfabrikant Eduard Gnauck aus dem Fraureuther Familienzweig

Der in 1799 in Netzschkau geborene Johann Gottlieb Gnauck, ein Sohn von Johann Christoph Gnauck, wirkte als Kaufmann in Fraureuth.[6] Der Fabrikant Eduard Gnauck und der Bahnmeister Heinrich Gnauck gehörten zu seinen Söhnen.[7] Ebenfalls der Fraureuther Familie Gnauck

1 Werner Gnauck: „Zur Familienforschung Gnauck aus Burkau und Irchwitz. Nachfahren des Paul Gnauck (ca. 1590 – vor 1638)“. Sächsisches Staatsarchiv Leipzig

2 Sächsisches Staatsarchiv Chemnitz, 30724, Grundherrschaft Netzschkau Nr. 747

3 Leipziger Zeitung, 2.7.1823

4 Leipziger Zeitung 6.8.1823

5 Werner Gnauck: „Zur Familienforschung Gnauck aus Burkau und Irchwitz. Nachfahren des Paul Gnauck (ca. 1590 – vor 1638)“. Sächsisches Staatsarchiv Leipzig

6 Werner Gnauck: „Zur Familienforschung Gnauck aus Burkau und Irchwitz. Nachfahren des Paul Gnauck (ca. 1590 – vor 1638)“. Sächsisches Staatsarchiv Leipzig

7 Werner Gnauck: „Zur Familienforschung Gnauck aus Burkau und Irchwitz. Nachfah-

entstammte der spätere Ebersbacher Verleger Richard Oskar Gnauck.[8]

Heinrich Gnauck, 1831 geboren und Schüler der Plauener Baugewerkenschule bis 1850[9], wurde 1889 als Bahnmeister in Zwickau mit dem Albrechtskreuz ausgezeichnet.[10]

Eduard Gnauck war am 5. Oktober 1825 in Irchwitz geboren worden.[11] In Zusammenarbeit mit dem Fabrikanten Ferdinand Ebert führte er in Limbach ein Textilgeschäft. 1853 gilt als Gründungsjahr seiner zunehmend auf Handschuhe spezialisierten Fabrik.[12] 1854 heiratete er Ernestine Therese Eschke, die Tochter eines Oberförsters in Grüna.[13] Seit jenem Jahr führte Gnauck die Firma in Limbach alleine, vermutlich in Zusammenhang mit der ein Jahr später angemeldeten Insolvenz seines Geschäftspartners Ebert.[14] Anlässlich der Weltausstellung 1855 in Paris präsentierte Eduard Gnauck seine Produkte.[15] 1862 ließ er sich in Chemnitz nieder.[16] Um 1874 hatte die Firma bereits etwa 100 Mitarbeiter.[17] Seine Söhne baute er frühzeitig als Nachfolger auf. Ernst Richard Gnauck war an der Universität Genf als Assistent für kleine Philosophie angestellt[18], bevor er 1878 in das Chemnitzer Familiengeschäft eintrat. Carl Arthur, am 4. Januar 1859 in Limbach geboren, besuchte von 1874 bis 1877 die Öffentlichen Handels-Lehranstalt in Chemnitz[19] und dann

---

ren des Paul Gnauck (ca. 1590 – vor 1638)". Sächsisches Staatsarchiv Leipzig

8 Frau Schmädicke, Ratzeburg, Enkelin von Richard Oskar Gnauck, telefonische Mitteilung 21.6.2023

9 Programm zu den am 26. und 27. März 1850 erfolgenden Prüfungen der Schüler der Königlichen Gewerb- und Baugewerkenschule in Plauen

10 Leipziger Tageblatt und Anzeiger, 24.4.1889

11 Werner Gnauck: „Zur Familienforschung Gnauck aus Burkau und Irchwitz. Nachfahren des Paul Gnauck (ca. 1590 – vor 1638)". Sächsisches Staatsarchiv Leipzig

12 Leipziger Monatsschrift für Textil-Industrie, 12.8.1903 (zum 50 jährigen Firmenjubiläum)

13 Dresdner Journal, 16.11.1853 (Verlobungsanzeige)

14 Leipziger Zeitung, 22.9.1854

15 Georg von Viebahn: „Amtlicher Bericht über die Allgemeine Pariser Ausstellung von Erzeugnissen der Landwirthschaft, des Gewerbefleißes und der schönen Kunst im Jahre 1855".

16 Sammlung der deutschen Handels-Register, Bd. 1, 1862

17 Christoph Sandler: „Handbuch der Leistungsfähigkeit der gesammten Industrie Deutschlands, Oesterreichs, Elsass-Lothringens und der Schweiz". Bd. 2, Hermann Wölfert, 1874

18 Liste Des Autorités, Professeurs, De L'Université de Genéve, 1876

19 Jahresberichte der Öffentlichen Handels-Lehranstalt zu Chemnitz, 1874–1877

bis 1880 die Universität Genf.[20] Er trat 1881 in das Geschäft ein. 1882 heiratete Eduard Gnaucks Tochter Eugenie den Leipziger Kaufmann Albert Marx[21] und begründete mit ihm die Familie Marx-Gnauck. Am 16. Juni 1884 ist Eduard Gnauck in Chemnitz verstorben.[22] Die Nachfolge traten seine Söhne Ernst Richard und Carl Arthur zusammen an. 1893 beteiligte sich die Firma an der Weltausstellung in Chicago.[23] 1895 ist Richard gestorben[24], Carl Arthur Gnauck führte danach die Geschäfte allein. Am 25. März 1903 ist er in Würzburg verstorben. Die Firma erbte sein noch minderjähriger Sohn Horst Gnauck.[25] Die Familie wohnte zunächst in Dresden und nach der Wiederverheiratung der Mutter ab 1909 in Liegnitz. Nachdem ihr Sohn Horst 1913 verstorben war, richtete Ida Margarethe Alice geborene Hummitzsch (20.5.1879–1.4.1938), wieder verheiratete von Hake[26], eine „Horst-Gnauck-Stiftung" zugunsten älterer Mitarbeiter ein.[27] Ab 1920 war die Firma in ihrem alleinigen Besitz.[28] Nach dem Tod der Eigentümerin wurde die Firma von leitenden Mitarbeitern übernommen.

Der Flugpionier Paul Benjamin Gnauck in Milwaukee

Paul Benjamin Gnauck wurde am 4. November 1891 in Reichenbach/Vogtland als Sohn des Gastwirts Carl August Gnauck vom „Deutschen Adler" geboren.[29] Der Vater war 1850 in Irchwitz als Sohn eines dortigen Gastwirts und Bauern und als Urenkel des Netzschkauer Johann Christoph Gnauck geboren worden.[30] 1898, ein Jahr nach dem Tod des Vaters, reiste Paul Benjamin Gnauck erstmals in die USA ein, vermutlich mit

20 Suzanne Stelling-Michaud: „Le Livre du recteur de l'Académie Genève: 1559–1878". 1959
21 Dresdner Journal, 28.10.1882
22 Chemnitzer Anzeiger und Stadtbote, 28.6.1884
23 „World's Columbian Exposition, Chicago, Catalogue, Exhibition of the German Empire". 1893
24 Leipziger Tageblatt und Anzeiger, 28.2.1895
25 Leipziger Monatsschrift für Textil-Industrie, 7.4.1904
26 Genealogisches Handbuch des Adels, Bd. 26, 1961
27 Leipziger Monatsschrift für Textil-Industrie, 10.6.1914
28 Sächsische Staatszeitung, 12.1.1921
29 Adreß- und Geschäfts-Handbuch der Voigtländischen Städte Reichenbach, Mylau, Netzschkau, Lengenfeld, Treuen und Auerbach, 1877
30 Werner Gnauck: „Zur Familienforschung Gnauck aus Burkau und Irchwitz. Nachfahren des Paul Gnauck (ca. 1590 – vor 1638)". Sächsisches Staatsarchiv Leipzig

seiner Stiefmutter Johanne Sophie geb. Müller aus Schneidenbach. Die endgültige Einwanderung von Gnauck in die USA erfolgte 1907 über New York.[31]

Paul Benjamin Gnauck wird heute zu den frühen Flugpionieren gezählt. Seine Fluglizenz erwarb er in New York. 1913 gründete er mit Jack Vilas sowie mehreren deutschstämmigen Einwanderern in Milwaukee, das um 1900 zu den Zentren der deutschen Einwanderung gehörte, den Wisconsin Aero Club.[32] Ihr selbstkonstruiertes Flugboot der Curtiss-Klasse startete und landete am Strand des Lake Michigan und lud Interessierte zu Rundflügen ein. 1914 sollte das Flugboot mit Paul Benjamin Gnauck am Steuer den See überqueren, stürzte aber wegen Motorversagens ab. Gnauck und sein Co-Pilot wurden gerettet. Endgültig zerstört wurde das Flugzeug durch einen Sturm am „McKinley Beach“.[33] Gnauck erwarb ein Wasserflugzeug vom Typ „Curtiss pusher“ und beteiligte sich an Flugschauen, 1915 mit großem Erfolg mit der Flugpionierin Ruth Law.[34] Sein überlieferter Spitzname „Doc the German Aviator“[35] lässt auf eine vorherige akademische Ausbildung schließen. Im Ersten Weltkrieg diente Gnauck in der US-Armee als Pilot. Seine Flugleidenschaft konnte er mithilfe seines Erbes finanzieren.[36] Sein in Deutschland verbliebenes Geld wurde als „feindliches Vermögen“ behandelt.[37]

Seit etwa 1920 war Paul Benjamin Gnauck mit der Lehrerin Johanna geb. Syring aus Kolberg/Pommern verheiratet.[38] Beide Halbschwestern von ihm waren in Greiz verheiratet (Marie Bodenschatz, Klara Heinz). Nachdem Klara 1918 verstorben war, holte Gnauck seine Stiefmutter 1923 in die USA.[39] Gesundheitsbedingt musste er das Fliegen aufgeben.

---

31 https://www.ancestrylibrary.com/family-tree/ (Paul Benjamin Gnauck), 2.10.2017

32 Michael C. Goc: „Forward in Flight. The History of Aviation in Wisconsin“. 1998

33 Aero and Hydro, 1914

34 Michael C. Goc: „Forward in Flight. The History of Aviation in Wisconsin“. 1998

35 Poster Wisconsin Aeroplan Club Exhibition, 6.8.1913

36 Informationsaustausch mit Abbie und Stanley White, Victor White (Söhne von Doris Gnauck-White) und Geraldine Helwing (Familie Syring), April/Mai 2023

37 Hermann Nieders: „Bericht des deutschen Treuhänders für das feindliche Vermögen über die Behandlung des amerikanischen Vermögens in Deutschland“. 1921

38 https://www.ancestrylibrary.com/family-tree/ (Erna Johanna Mathilda Syring), 2.10.2017

39 New York Passenger Arrival Lists (Ellis Island) 1892–1924, FamilySearch

Aus Burkau über das Vogtland in die USA

1 Paul Gnauck (Bauer in Burkau, * um 1590, † vor 1638)
2 Hans Gnauck (Bauer in Burkau, * um 1615, kaufte 1638 das väterliche Gut)
3 George Gnauck (Bauer in Burkau, um 1670, † vor 1728)
4 Andreas Gnauck (Burkau, * um 1710)
5 Andreas Gnauck (Häusler und Leineweber, *7.11.1739 Burkau, †28.6.1818 Burkau)
6 Johann Christoph Gnauck (Schäfer, Rittergutspächter in Netzschkau, Gutsbesitzer in Gottesgrün, *5.1.1770 Burkau, †2.4.1824 Gottesgrün)
7 Johann Christoph Gnauck (Ökonomieverwalter in Netzschkau, Gutsbesitzer Irchwitz, *12.12.1801 Netzschkau, †26.7.1837 Irchwitz)
  8 Johann August Gnauck (Fleischhauer, Bauer und Gastwirt in Irchwitz, *29.7.1827 Irchwitz, †1.9.1889 Irchwitz)
    9 Carl August Gnauck (Hotelbesitzer in Reichenbach, *19.3.1850 Irchwitz, †22.4.1897 Reichenbach)
      10 **Paul Benjamin Gnauck** (Flugpionier in Wisconsin)
        11 **Doris Gnauck-White** (Wissenschaftlerin New Jersey)
    9 Gustav Gnauck (Fleischer in New York und New Jersey, *19.2.1852 Irchwitz, †30.3.1924 Bergen / New Jersey)
      ....12 **David Gnauck** (Naturschützer auf Hawaii)
      ....12 **Alan Gnauck** (Optoelektroniker in New Jersey)
7 Carl Gottlob August Gnauck (ansässig in Elsterberg, *27.3.1817 Netzschkau)
  8 Carl Eduard Gnauck (Kaufmann in Waupun und Dickey, *3.3.1851 Elsterberg, †1939 USA)
    9 Felix George Gnauck (Kaufmann in Minnesota, *1879 Deutschland, †6.8.1915 Wisconsin Dells)
      10 Felix George Gnauck (Produktionsdirektor Minnesota, *5.12.1910 Redwood Falls, †13.7.1996 Marquette)
        11 **Gary Edward Gnauck** (Spezialist Signalverarbeitung)
        11 **Brian George Gnauck** (Marketing-Professor)

Er nahm eine Tätigkeit als Bäcker auf.[40] 1930 promovierte sein Neffe Herbert Heinz an der Universität Jena mit „Die Entstehung der Achate, ihre Verwitterung und ihre künstliche Färbung".

Ende der 1930er Jahre zog die Familie Gnauck auf eine Farm in Granville bei Milwaukee, 1947 brannte ihr Farmhaus ab. Paul Benjamin Gnauck starb am 17. August 1953 in Milwaukee. Seine Witwe, Johanna Gnauck, verfasste 1960 an der University of Wisconsin „Prognoses of Scholarly Potentials from a Study of 180 Milwaukee Junior High School Students". 2001 wurde Paul Benjamin Gnauck posthum mit der Aufnahme in die „Aviation Hall of Fame" in Oshkosh geehrt. Sein Nachlass wird von der Milwaukee County Historical Society aufbewahrt.

Die Agrarwissenschaftlerin Doris Gnauck-White

Doris Gnauck (24. Dezember 1926 Milwaukee – 19. November 2001 Hardwick/Massachusetts)[41] musste wegen der Krankheit des Vaters, Paul Benjamin Gnauck, und nach dem Brand des elterlichen Farmhauses in Granville früh Verantwortung für die Familie übernehmen. Nach dem Besuch der Shorewood High School[42] bezog sie 1945 mithilfe eines Stipendiums die University of Wisconsin in Madison. Sie kümmerte sich zudem leidenschaftlich um das Geflügel auf der elterlichen Farm und veröffentlichte 1946 das Cartoon „Chick Doctor".[43] Insgesamt zog sie 25000 Hühner, Enten, Gänse und Truthähne auf.[44] Doris Gnauck musizierte an der Universität im Sinfonie-Orchester (sie blies Horn)[45], engagierte sich wie ihre Mutter im 4-H-Club für die Belange der Landjugend und gehörte dem „Saddle und Sirloi-Club" an. 1947 wurde sie von dieser Studentenorganisation für Tierwissenschaften für ein Essay ausgezeichnet.[46] Im selben Jahr erlangte sie die Lehrberechtigung für die Agrarwissenschaften, konnte aber den Beruf einer Landwirtschafts-

40 Informationsaustausch mit Abbie und Stanley White, Victor White (Söhne von Doris Gnauck-White) und Geraldine Helwing (Familie Syring), April/Mai 2023
41 https://www.ancestrylibrary.com/family-tree/ (Doris Kathryn Mae Gnauck), 2.10.2017
42 The Milwaukee Journal, 30.8.1944
43 Luby Pollack: „The Little Doc". Collier's Weekly, 23.2.1946
44 Together, Magazine for Methodist Families, April 1967
45 Wisconsin Badger, Vol. 60, 1945
46 Wisconsin Badger, Vol. 62, 1947

Doris Gnauck (1946, University of Wisconsin, fair use).

lehrerin trotzdem nicht ausüben, vermutlich wegen ihres jungen Alters und möglicherweise weil sie eine Frau war. Sie arbeitete stattdessen auf der Versuchsstation der Universität und untersuchte Gendefekte, die Wirkung von Hormonen und die Folgen von Vitaminmangel. In einem Militärgefängnis und an der Waunakee High School unterrichtete sie Naturwissenschaften. Doris Gnauck erforschte die biochemischen und biophysikalischen Grundlagen der Landwirtschaft und des Gartenbaus vor allem unter genetischen Gesichtspunkten, beispielsweise hinsichtlich der Resistenz von Getreide. Ihre Promotion 1956 an der University of Wisconsin[47] war ihre insgesamt vierte Graduierung mit je zwei Bachelor/Master- und PhD-Arbeiten.[48] 1960 wurde Doris Gnauck zur Professorin für Mathematik und Naturwissenschaften an der William Patterson University in Wayne / New Jersey berufen. Sie widmete sich zunehmend der Umweltforschung. Doris Gnauck gelang eine erfolgreiche wissenschaftliche Karriere, als dies für Frauen in den USA noch keine Selbstverständlichkeit war.[49] Bis zu ihrer Scheidung 1986 war sie mit Donald Lawrence White verheiratet, der bei AT & T lithografische Verfahren entwickelte. Ab 1985 gehörte Doris Gnauck der „New Jersey Teachers Association" an, die seit 2002 mit einem Stipendium an sie erinnert.[50] Sie war Mitglied der Methodistischen Kirche.[51] Die Familie eines ihrer Söhne, Stanley White, betreibt in der Tradition seiner sächsischen Vorfahren eine Farm mit Schafzucht in Hardwick / Massachusetts.[52]

Aus dem Vogtland über New York bis nach Hawaii

Ein Onkel von Paul Benjamin Gnauck war der am 19. Februar 1852 in Irchwitz geborene Gustav Adolf Gnauck.[53] 1876 emigrierte Gustav

47 George Richard: „Wisconsin alumnus". Vol. 56, Nr. 9, 1955

48 Hunterdon County, Cultural & Heritage Commission: „Notable Women throughout the History of Hunterdon County". 2000

49 Floyd J. Doering: „Twenty Five Years Ahead of Her Time". A History of Vocational Agriculture/agribusiness in Wisconsin Secondary Schools, 1900–1976

50 New Jersey Science Teachers Association Doris White Memorial Scholarship Recipients, https://wwwnjsta.org/

51 The New York Times, 22.11.2001

52 Informationsaustausch mit Abbie und Stanley White, Victor White (Söhne von Doris Gnauck-White) und Geraldine Helwing (Familie Syring), April/Mai 2023

53 Werner Gnauck: „Zur Familienforschung Gnauck aus Burkau und Irchwitz. Nachfah-

auf der „Rhein" in die USA.[54] In New York arbeitete er wie sein Vater in Irchwitz als Fleischer.[55] 1892 wurde er eingebürgert.[56] Später war die Familie im Bergen County / New Jersey, unmittelbar benachbart zu Manhattan gelegen, ansässig. Gustav Gnauck ist am 30. März 1924 verstorben.[57] Die Familien seines Sohnes Otto Ludwig Gnauck (1882–1952) und seines Enkels Otto Herbert Gnauck (1911–1984) führten in Emerson / New Jersey ein Unternehmen für Baustoffe.[58] Otto Herbert Gnauck war seit 1949 mit Luella geb. Applegate verheiratet. Nach der Pensionierung lebten sie in New Mexiko. Sie hatten eine Tochter und drei Söhne, Peter Gnauck in Montana, David Gnauck in Volcano / Hawaii am Hang des Kilauea und Alan Gnauck in Middletown / New Jersey.[59]

David Gordon Gnauck wurde im Februar 1950 geboren.[60] Er arbeitet als Schatzmeister für die „Hawaiian Orchid Island Estates", eine gemeinnützige Gesellschaft zur Verwaltung einer urwaldnahen Liegenschaft.[61] Gnauck engagiert sich für den Naturschutz und beteiligte sich beispielsweise an einer Vogelzählung entlang des „Mauna Loa Trails".[62]

Alan Herbert Gnauck wurde am 30. August 1952 in Teaneck / New Jersey geboren.[63] An der Rutgers University erwarb er 1975 den B.A. in Physik und 1986 den M.S. in Elektrotechnik. Alan Gnauck machte sich einen Namen als führender Spezialist auf dem Gebiet der faseroptischen Datenübertragung. Ab 1982 arbeitete er für die Bell Laboratories. 1996 demonstrierte er die erste Terabit-Datenübertragung. Gnauck ist Fellow der Optical Society seit 2004, IEEE-Fellow seit 2009 und seit 2012 Mitglied der National Academy of Enginering. 2016 wurde Alan Gnauck

ren des Paul Gnauck (ca. 1590 – vor 1638)". Sächsisches Staatsarchiv Leipzig, hier abweichende Lebensdaten für Gustav Adolf Gnauck: 17.2.1852–27.3.1924

54 Passenger lists of vessels arriving at New York, 1820–1897, FamilySearch

55 Trow's New York City Directory 1880–1881, FamilySearch

56 New Jersey County, Naturalization Records 1749–1986, FamilySearch

57 Find a grave index (Foto des Grabsteins mit Lebensdaten), FamilySearch

58 Industrial Directory of New Jersey, 1949

59 Whitefish Pilot, 6.10.2004 (Nachruf auf Luella Gnauck)

60 United States 1950 Census, FamilySearch

61 Eintrag auf opencorporates.com

62 Julie Williams, Larry Katahira, Paul Higashino: „1986 Volcano Christmas Bird Count and First Annual History Workshop". Journal of the Hawaii Audubon Society, Vol. 47, Nr. 6

63 „Selected Papers on Fiber Optic Communications". SPIE Optical Engineering Press, 1993

von der Optical Society und der IEEE Photonics Society für „sustained pioneering research contributions that drove commercialization of high-speed, high-capacity lightwave communication systems“ mit dem „John Tyndall Award“ geehrt.[64,65]

Nachfahren des Kaufmanns Carl Eduard Gnauck im oberen Mittelwesten der USA

In Waupun / Wisconsin lebte Ende des 19. Jahrhunderts der Kaufmann Carl Eduard Gnauck, sicher ebenfalls ein Nachfahre der Netzschkauer Gnaucks. Ein Carl Gottlob August Gnauck, am 27. März 1817 in Netzschkau als Sohn des Rittergutspächters Johann Christoph Gnauck in dessen zweiter Ehe geboren, soll in Elsterberg ansässig gewesen sein.[66] Carl Eduard Gnauck war am 3. März 1851 im Elsterberg geboren worden[67] und hatte vor seiner Auswanderung wie sein zwei Jahre vor ihm in Elsterberg geborener Bruder Franz in Eisleben[68] gelebt. Laut Einbürgerungsunterlagen von 1884[69] ist er 1883 in die USA eingewandert, wobei eine anderslautende Angabe (1881) darauf hindeutet, dass er möglicherweise schon zuvor einmal in die USA eingereist war. Ihren bereits in Deutschland, vermutlich in Eisleben, geborenen Sohn Felix George Gnauck brachte die Familie mit in die USA. 1903 hat sich die Familie Eduard Gnauck in Dickey / North Dakota niedergelassen[70], wo sie mit vier in Wisconsin geborenen Töchtern wohnte.[71,72] In Milwaukee lebte Carl Eduard Gnaucks Schwester Friedericke Louise verh. Lippold (1843 in Elsterberg geboren).[73] 1915 verlor er seinen Sohn Felix George Gnauck frühzeitig.[74] Gestorben ist Carl Eduard Gnauck 1939.

64 Karen Mergner: „Alan H. Gnauck Wins 2016 John Tyndall Award“. 2.11.2015 (optica.org)

65 Matthew Peach: „Alan Gnauck of Bell Laboratories, Alcatel-Lucent, wins 2016 John Tyndall Award“. 9.11.2015 (opticalconnectionsnews.com)

66 Werner Gnauck: „Zur Familienforschung Gnauck aus Burkau und Irchwitz. Nachfahren des Paul Gnauck (ca. 1590 – vor 1638)“. Sächsisches Staatsarchiv Leipzig

67 Biographies from the 1906 History of Oakes

68 Volkszählung 1866–1868, FamilySearch

69 Wisconsin, County Naturalization Records, 1807–1992, FamilySearch

70 Biographies from the 1906 History of Oakes

71 Waupun Historical Society: „Waupun Directory 1898“.

72 „Early History of the Oakes Community, Dickey County and North Dakota“. 1906

73 Wisconsin Births and Christenings, 1826–1926, FamilySearch

74 The Oakes Times, 12.8.1915

Felix George Gnauck sen. war 1879 in Deutschland geboren worden und 1883 mit seinen Eltern in die USA eingereist.[75] Er hatte in Minnesota geheiratet. In Redwood Falls ließ er sich mit einem Handelsgeschäft nieder und war Mitglied einer „Petit Jury".[76] 1911 verkaufte er sein Geschäft und zog nach Kilbourn in Wisconsin.[77] Felix George Gnauck sen. ist am 6. August 1915 in Wisconsin Dells gestorben.[78]

Felix George Gnauck jun. wurde am 5. Dezember 1910 in Redwood Falls geboren.[79] Er besuchte nach dem frühen Tod des Vaters die Kilbourn High School. Als Chefreakteur verantwortete er die Herausgabe der Schülerzeitschrift „The Arrow". Er fungierte als Klassensprecher („president"), spielte Posaune im Schulorchester und war sportlich aktiv.[80] Die University of Wisconsin in Madison besuchte er bis 1935.[81] Felix George Gnauck jun. war ein bekannter Techniker. Er arbeitete für die Chain Belt Company in Milwaukee und später als Produktionsdirektor bei der Firma Donaldson Comp. in Shakopee / Minnesota. Er besaß ein Patent für einen Schneepflug.[82] Felix George Gnauck jun. ist am 13. Juli 1996 in Beaver Grove, Marquette / Michigan verstorben.[83] Gary Edward Gnauck und Brian George Gnauck waren Söhne von Felix George Gnauck jun.

Gary Edward Gnauck wurde am 27. Januar 1938 in Milwaukee geboren.[84] 1960 erwarb er an der University of Minnesota den Bachelor in Forstwissenschaften. Hier engagierte er sich zudem für die Wissenschaftskommunikation, beispielsweise als Vorsitzender des „Forestry Clubs".[85] 1961 heiratete er in St. Paul / Minnesota die Tochter Natalie des ukrainischen Wissenschaftlers Alexander Granovsky.[86] Im Berufs-

75 United States Census, 1910, FamilySearch
76 The Redwood Gazette, 14.3.1911
77 The Redwood Gazette, 21.11.1911
78 The Oakes Times, 12.8.1915
79 Sila Lydia Bast: „The Bast Genealogy and Related Families". 1971
80 The Arrow, 1928
81 Wisconsin Badger, Vol. 50, 1945
82 Official Gazette of the United States Patent Office, 1952
83 Michigan Todesindex, 1971–1996, FamilySearch
84 Sila Lydia Bast: „The Bast Genealogy and Related Families". 1971
85 Gopher Peavey. Alumni news of the forestry students 1960, University of Minnesota (mit mehreren Beiträgen von Gary Gnauck)
86 Who we are: A genealogy of our family. 1974 (Familie Granovsky)

Felix George Gnauck
jun. (1928).

leben machte sich Gary Gnauck einen Namen mit Arbeiten auf dem Gebiet der Erdfernerkundung mittels Sensoren mit Anwendungen in der Landwirtschaft und im Ressourcenmanagement. 1979 erwarb er an der University of Michigan seinen Master mit der Arbeit „Utility of Site-looking Radar Systems to Provide Information on Vegetation Resources“. Gary Gnauck arbeitete als Manager in Sunnyvale / Kalifornien für die Firma „Electromagnetic Systems Laboratory“, die auch im Auftrag der NASA forschte.[87] Zu dem von ihm verantworteten Projekten gehörten Überwachungsprogramme für küstennahe Feuchtgebiete auf Hawaii und zur Naturbeobachtung. In Oregon beteiligte sich Gnauck später an der Entwicklung von Konzepten zum Schutz vor Waldbränden.[88]

Brian George Gnauck wurde am 15. Februar 1941 in Milwaukee geboren.[89] Er erwarb den Bachelor in Agricultural Business Administration 1963 an der University of Minnesota und den Master 1964 an der Pennsylvania State University. In Minnesota promovierte er mit „An Economic Analysis of Market Conduct in Five Agricultural Input Industries“.[90] Danach widmete sich Brian Gnauck als Assistant Professor an der „School of Systems & Logistics“ am Air Force Institute of Technology in Ohio der Ausbildung von Luftwaffenoffizieren der USA und ihrer Verbündeten.[91] Über 40 Jahre, ab 1972, lehrte er an der Northern Michigan University in Marquette. Brian Gnauck hatte als Professor den Lehrstuhl für Marketing inne, wirkte an der Universität als Abteilungsdirektor und von 1965 bis 1980 als Dekan des Business College.[92]

Die Brüder Gary und Brian Gnauck unternahmen in ihrer Freizeit ausgedehnte Kanu-Exkursionen durch die Wildnis Kanadas.[93] Sie sind beide im Jahre 2019 verstorben.[94]

---

87 NASA Conference Publications 2147–2149, 1980

88 Jackson County Integrated Fire Plan, 2006

89 Sila Lydia Bast: „The Bast Genealogy and Related Families“. 1971

90 The University of Minnesota announces its March Commencement, 1968

91 B. Gnauck, C. Hart, L. Pagel: „Blackrocks: Craft Brewing – From Hobby To Business: Applying Strategic Management To The Small Firm“. J. of Business Case Studies, Nr. 2, 2014

92 Kristi Evans: „Distinguished Faculty Awards Presented“. 2016

93 Cliff Jacobson: „Canoeing Wild Rivers: The 30th Anniversary Guide to Expedition Canoeing in North America“. 2015

94 Fred Nelson: „The Thlewiaza-Seal Rivers. Challenge on the Ice“. Balboa Press, 2021 (Widmung des Buches: „In Memory of Gary Gnauck and Brian Gnauck“)

Professor Brian Gnauck anlässlich seiner Auszeichnung mit dem „Distinguished Faculty Award“ (2016, mit freundlicher Genehmigung von Kristi Evans, News Director Marketing and Communications, Northern Michigan University).

Zwei ostsächsische Gnauck-Verlage in der ersten Hälfte des 20. Jahrhunderts

Der Dresdner Komponist und Musikverleger Robert Gustav Gnauck

Gustav Gnauck wurde am 21. März 1866 in Burkau geboren. Er erlernte den Beruf eines Schmieds, interessierte sich aber schon frühzeitig für die Musik.[1] Vorwiegend autodidaktisch lernte er Violine und Trompete spielen. Von 1886 bis 1900 diente Gnauck als Militärmusiker (Waldhorn) beim Fußartillerieregiment 12.[2] Danach ließ er sich in Dresden nieder und arbeitete als Postassistent bzw. Postsekretär. Kurzzeitig, um 1929, besaß er ein Geschäft für Eisenwaren sowie Haus- und Küchengeräte.[3]

Gnauck hatte früh begonnen zu komponieren. 1919 veröffentlichte er bei der Verlagsanstalt Erich Deleiter in Dresden die Schrift „Volksgesang: Lautenklang. Volkstümliches Liederbuch für jedermann". Ende der 1920er Jahre gründete er seinen eigenen Musikalienverlag „R.G. Gnauck" in Dresden. Bekannt geworden ist er für seine Kompositionen von Soldatenmärschen. Die „Deutschen Liedermärsche" für Blasinstrumente zählen noch heute zum Repertoire von Spielmannszügen, beispielsweise „Beim Morgengrauen", „In die weite Welt" und „Das Lieben bringt groß' Freud'".[4] Aber auch Regionales gehörte zu seinem Schaffen, so die „Elbelieder" von 1934. In „Donaths Neuer Welt" feierte 1938 das Fantasiestück „Mitternachtszauber im Polenztal" seine Uraufführung.[5]

Als Komponist und Musikverleger war Robert Gustav Gnauck der meist zitierte Namensträger „Gnauck" jener Zeit. Am 6. September 1951 ist er in Dresden verstorben. Der Gnauck-Verlag wurde von Paul Woitschach in Berlin übernommen.

---

1 William H. Rehrig: „The Heritage Encyclopedia of Band Music. Composers and Their Music". Integrity Press, Bd. 1, 1991

2 Joachim Toeche-Mittler: „Musikmeister Ahlers, ein Zeitbild unserer Militärmusik, 1901–1945". Spermann 1981

3 Dresdner Adressbücher, verschiedene Jahrgänge

4 Heinrich Braun: „Das Klavier auf dem Kleiderschrank". Books on Demand, 2015

5 Illustriertes Tageblatt, 25.3.1938

Der Druckereibesitzer Richard Oskar Gnauck in Ebersbach

Der Fraureuther, ursprünglich Burkauer Familie Gnauck entstammte der spätere Ebersbacher Verleger Richard Oskar Gnauck.[6] Er war auf Wanderschaft in die Oberlausitz gekommen und führte in Ebersbach den Verlag „R.O. Gnauck", der nach dem Zweiten Weltkrieg als „R.O. Gnauck & Bayer" firmierte. Zur Familie des Chemnitzer Handschuhfabrikanten Eduard Gnauck bestanden verwandtschaftliche Beziehungen.[7]

Richard Gnauck war Herausgeber und Verleger des „Ebersbacher Wochenblattes". Seit 1893 gehörte er dem Ebersbacher Humboldtverein an[8]. 1902 veröffentlichte Gnauck ein Festheft anlässlich der Weihe der Ebersbacher Orgel von Schuster & Sohn. Seit 1910 besaß er ein Patent für ein Formen- und Satzbrett für Buchdruckereien mit Asbestschieferauflage. 1916 kaufte er zusätzlich das Amtsblatt „Oberlausitzer Stadt- und Landzeitung".[9] 1917 erschien bei Gnauck „Aus Neusalzas Vorzeit und die zweite Säkularfeier" von Hermann Karl Schulze. In den 1930er Jahren verlegte er die „Ebersbacher Zeitung", 1931 mit der Beilage „Braiglsaalz: Oberlausitzer Land und Leute". Zusammen mit Herbert Andert hat sich Gnauck große Verdienste um die Verbreitung der Oberlausitzer Mundart und die Heimatliebe erworben. 1933 verlegte R.O. Gnauck „Dort, wo die Spree entspringt", 1934 „Feieroobd" und 1937 „Derheem' is derheeme". Der aus Ebersbach stammende Paul Sinkwitz beteiligte sich an diesem Projekt mit zwei Holzstichen. Gnauck verlegte zehn Mundartlieder aus diesem Buch zusätzlich als Postkarten.[10]

Gnauck & Bayer veröffentlichte beispielsweise in Zusammenarbeit mit Martin Ohlsberg und dem Islamischen Museum Berlin „Islamische Kunstwerke" (1960) sowie in Zusammenarbeit mit der Evangelischen Verlagsanstalt die „Theologische Literaturzeitung" (um 1969).

---

6 Frau Schmädicke, Ratzeburg, Enkelin von Richard Oskar Gnauck, telefonische Mitteilung 21.6.2023

7 Frau Schmädicke, Ratzeburg, Enkelin von Richard Oskar Gnauck, telefonische Mitteilung 21.6.2023

8 Grenzland Oberlausitz, 22.8.1936

9 Weißeritz-Zeitung, 25.9.1916

10 Sächsischer Erzähler, 29.6.1936

Friedrich Gustav Gnauck aus Burkau gründete eine Fabrik für Textilmaschinen in Spanien

Friedrich Gustav Gnauck wurde 1859[1] in Burkau[2] geboren. Er arbeitete in Chemnitz als Werkmeister für den Textilmaschinenhersteller Schubert & Salzer. Zu seinen Aufgaben gehörte es, die Maschinen vor Ort bei den Auftraggebern zu installieren. So kam er auch 1885 nach Mataró in Katalonien.[3] Hier befand sich ein Zentrum der Strickindustrie. Gnaucks Auftraggeber war Narcís Colomer. 1889 gründete Gnauck in Chemnitz eine eigene Fabrik für Strickmaschinen, die jedoch bald in Konkurs ging.[4] Gustav Gnauck entschloss sich, mit seiner Familie auszuwandern, und gründete 1890, zunächst in Terrassa und dann in Mataró, ein Unternehmen zur Herstellung von Webstühlen und Strickmaschinen.[5] In Chemnitz wurde er 1891 wegen betrügerischen Bankrotts steckbrieflich gesucht.[6] 1893 wurde das Konkursverfahren aufgehoben.[7]

Die Familie Gnauck hatte in Mataró sechs Kinder, darunter den 1898 in Spanien geborenen Albert Gnauck.[8] Nach Gustav Gnaucks Tod übernahm zunächst die Witwe die Firmenleitung, 1920 der Sohn Albert und 1954 der Enkel Enrique.[9] Die Firma Gnauck repräsentierte in Spanien verschiedene deutsche Firmen, beispielsweise die Maschinenfabrik Einsiedel, Ebersbach & Kühn Chemnitz, Reichelt Metallschrauben Finsterwalde, Hermann Johs Schwabe Chemnitz und SCHEMAG Leipzig.[10] Während des spanischen Bürgerkriegs von 1936 bis 1939 produzierte die Firma Mörsergranaten. 1963 wurde die Firma Gnauck geschlossen.[11]

---

1 Todesanzeigen in Tageszeitungen im Januar 1904 geben das 45. Lebensjahr an.
2 Ahnentafel Fam. Gnauck auf wogan.de
3 Montserrat Llonch: „Tejiendo en red la industria del género de punto en Cataluna (1891–1936)“. Universitat de Barcelona, 2007
4 Sächsischer Landesanzeiger, 23.10.1891
5 Montserrat Llonch: „Tejiendo en red la industria del género de punto en Cataluna (1891–1936)“. Universitat de Barcelona, 2007
6 Sächsischer Landesanzeiger, 12.12.1891
7 General-Anzeiger für Chemnitz und Umgegend, 17.8.1893
8 Ahnentafel Fam. Gnauck auf wogan.de
9 Montserrat Llonch: „Tejiendo en red la industria del género de punto en Cataluna (1891–1936)“. Universitat de Barcelona, 2007
10 Werbung Alberto Gnauck, 1927
11 Museu Arxiu De Santa Maria (masmm.org)

Die texanische Familie Gnauck

Die Odyssee des Ernst Georg Gnauck aus Dresden

Ernst Georg Gnauck wurde am 19. Februar 1873 als Sohn eines Karl Traugott Gnauck[1] und einer Eleonore Louise geb. Hentschel in Dresden-West geboren.[2,3] Die Mutter ist 1881 in Dresden verstorben.[4]

Ernst Georg Gnauck wanderte nach Südafrika aus, vermutlich um nach Gold zu suchen. Nach Johannesburg hatte er Geschäftsbeziehungen. Nach Ausbruch des Zweiten Burenkrieges im Oktober 1899 requirierte die Transvaal-Regierung seine Maultiere und einen Wagen. Gnauck ließ sich als Söldner gegen die Briten anwerben, im September 1900 geriet er auf dem Gebiet des Oranje-Freistaates in Gefangenschaft und wurde nach Diyatalawa auf Ceylon verbracht. Eine Schwester von Ernst Georg war in/bei Oelsnitz/Erzgebirge verheiratet.[5] 1902 erhob er Ansprüche auf Kriegsentschädigung.[6]

Gnauck emigrierte 1903 in die USA nach Baltimore[7] und nahm 1906 eine Arbeitsstelle beim Bau des Panama-Kanals an.[8] Er kehrte 1910 mit Frau und drei Kindern in die USA zurück[9] und wurde im selben Jahr eingebürgert.[10] Gnauck ließ sich in Texas nieder, wo er als Angestellter in einer Schmelzhütte arbeitete und zusammen mit einem Verwandten seiner Frau ein Grundstück von 18 Hektar erwarb und bewässerte.[11] 1916

1 In Dresden ist 1860 ein Handarbeiter C. Tr. Gnauk aus Schönburg b. Naumburg im Zusammenhang mit einem Gerichtsverfahren nachgewiesen: Dresdner Nachrichten, 30.6.1860

2 Texas Death, 1890–1976, FamilySearch

3 In den heutigen westlichen Dresdner Stadtteilen Cotta und Löbtau sind in den 1890er Jahren mehrere Namensträger „Gnauck" nachgewiesen.

4 Leipziger Tageblatt und Anzeiger, 8.3.1881

5 Wochenblatt für Zschopau und Umgegend, 15.12.1900

6 Bundearchiv, R901/90782

7 Maryland, Baltimore Passenger List, 1897–1952, FamilySearch

8 Panamakanalzone, Arbeitsaufzeichnungen und Segellisten, 1905–1937, FamilySearch

9 New York Passenger Arrival List 1892–1924, FamilySearch

10 Naturalization Petitions of the U.S. District Court for the District of Maryland, 1906–1930, FamilySearch

11 El Paso Herald, 22.10.1910

wurde er in das Sicherheitskomitee der Schmelzhütte in El Paso berufen[12]; zwei Jahre zuvor war ein eigener Sohn tödlich verunglückt, als er unbefugt einen Transportwaggon bestiegen hatte.[13] Gnauck installierte und wartete Dampfkraftanlagen. Zuletzt arbeitete er bei der Eisenbahn.[14] Am 12. Januar 1946 ist Ernst Georg Gnauck in El Paso verstorben.[15] Die Symbolik auf seinem Grabstein (Evergreen Cemetery El Paso) verweist auf eine Mitgliedschaft bei den Freimaurern.[16]

Der 1905 in Maryland geborene Sohn Robert Ernest Gnauck diente im Zweiten Weltkrieg als Marineoffizier und zeichnete danach als Superintendent für das Stromnetz eines regionalen Versorgers verantwortlich. Der 1910 in Texas geborene Carl Frederick Gnauck arbeitete als Flugzeugmechaniker bei American Airlines in El Paso und war wie sein Vater Freimaurer.[17]

Die Gnaucks im Westen der USA von Utah und Colorado bis Montana

Ernest Carl Gnauck, ein Sohn von Carl Frederick Gnauck, wurde am 27. Mai 1942 in El Paso geboren. Gestorben in Ernest Carl Gnauck am 2. Oktober 2007 in Cedaredge / Colorado. Er hatte das Texas Western College absolviert und etwa 30 Jahre ein Erholungsresort mit Yachthafen („Bullfrog Resort und Marina") am Lake Powell geleitet.[18,19]

Die Söhne von Ernest Carl Gnauck[20] haben sich in Montana niedergelassen und große Verdienste um den Naturschutz im Yellowstone-Natio-

12 El Paso Herald, 7.10.1916
13 El Paso Herald, 10.3.1914
14 Unites States Census, 1930, FamilySearch
15 Texas Death, 1890–1976, FamilySearch
16 findagrave.com
17 Kirche Jesu Christi der Heiligen der letzten drei Tage, FamilySearch
18 Delta County Independent, 10.10.2007 (via geni.com)
19 Visitor Accomodations, Facilities and Services Furnished by Concessioners in the National Park System, 1980
20 James Thomas Gnauck (*1969 Bozeman / Montana) und Carl Panzer Gnauck (*1972 El Paso / Texas) in Robert Charles Griffen, Mitchel R. Alegre: „Wolcott Genealogy". Society of Descendants of Henry Wolcott, 1986

Der Lake Powell entstand durch Überflutung des Glen Canyon nach Aufstauung des Colorado. Umgeben wird er vom Bullfrog Basin. Ein wichtiger Bestandteil dieses Erholungsgebiets ist das „Bullfrog Resort und Marina" / Utah, das von Ernest Carl Gnauck geleitet wurde. (Foto Pegasus2, Wikimedia Commons, CC BY-SA 3.0).

nalpark erworben.[21] Sie sind zudem für ihre Naturfotografien bekannt geworden, beispielsweise von Wölfen und vom Whale-watching vor Hawaii.[22]

Eine Notfallmedizinerin in New Mexiko

Katherine Ann Gnauck, eine Tochter von Carl Frederick Gnauck, wurde am 26. August 1945 in El Paso geboren.[23] 1982 verfasste sie ihre „master's thesis" am Fachbereich Entwicklungspsychologie der San Francisco State University zum Thema „Autism: Time-shifted evoked

21 Clare Keenan: „World Building with Wolves". Billings Public Library, 2021
22 14th Annual Whale Tales, Kapalua auf Maui, 2020
23 Texas Geburtenverzeichnis 1903–1997, FamilySearch

potentials in relation to a sound localization deficit". Anschließend studierte Katherine Gnauck Medizin an der Université Libre in Brüssel, schloss das Studium 1985 mit dem Titel MD ab und absolvierte ihre Facharztausbildung am Baylor College of Medicine in Houston. Die American Academy of Pediatrics nahm sie 1986 in Houston als Junior Fellow auf.[24]

Ihre erste Zulassung als Ärztin erhielt Gnauck 1988 für Pennsylvania. Am Kinderkrankenhaus der Washington School of Medicine in St. Louis / Missouri vertiefte sie ihre Spezialisierung in der Notfallmedizin für Kinder und Jugendliche. Ab Mitte der 1990er Jahre entstanden in St. Louis viele wissenschaftliche Arbeiten, darunter zu sozioökonomischen Einflussfaktoren auf Brandverletzungen bei Kindern[25], und sie lehrte als außerordentliche Professorin. 2002 erhielt sie ihre Zulassung für Arizona und New Mexiko. Gnauck ließ sich als Fachärztin für Notfallmedizin in Albuquerque / New Mexiko nieder, wurde 2003 als ständiges Mitglied für den Verwaltungsrat der dortigen Universität („board of regents") vorgeschlagen[26] und lehrte am „Center for Disaster Medicine" als außerordentliche Professorin.[27,28]

Dr. Katherine Gnauck engagiert sich für den Naturschutz in New Mexiko[29] und die Gesundheitsversorgung in Afrika[30,31]. 2005 hielt sie sich im Auftrag von „Ärzte ohne Grenzen" in Uganda auf.[32] In dem von ihr begründeten „LifeStitches Uganda Project" wurden HIV-infizierte Frauen ertüchtigt, mit Näharbeiten ihren Lebensunterhalt zu verdienen.

24 American Academy of Pediatrics: Fellowship List, 1986

25 K.S. Quayle, N.A. Wick, K.A. Gnauck, M. Schootman, D.M. Jaffe: „Description of Missouri children who suffer from burn injuries". Injury Prevention, 2000/6

26 University of New Mexiko: „Board of Regents Minutes". September 9, 2003

27 Katherine A. Gnauck et al.: „Do pediatric and adult disaster victims differ? A descriptive analysis of clinical encounters from four natural disaster DMAT deployments". Prehosp Disaster Med., 2007 Jan–Feb

28 vivo.health.unm.edu

29 New Mexico Wild, Annual Report, 2021

30 Nicole Coffey Kellett, Katherine Gnauck: „AIDS, Stigma, Marriage, and Economic Empowerment: Exploring Intersections of Women's Marginalization in West Nil Uganda". Human Organization 76(4), 2017

31 Katherine Gnauck et al.: „Economic empowerment and AIDS-related stigma in rural Kenya: a double-edge sword? Culture, health & sexuality, Nr. 15, 2013

32 Doctors Without Frontiers, Annual Report, 2005

Der kanadische Pfarrer Johannes Gnauck

Johannes Gnauck wurde am 14. Januar 1906 in Otterstedt bei Bremen geboren.[1] In Breklum in Nordfriesland besuchte er ab 1926 das Theologische Seminar zur Vorbereitung für eine missionarische Tätigkeit („Breklumer Mission").[2]

1932 emigrierte Gnauck nach Kanada. Er wurde in Saskatoon ordiniert und wirkte viele Jahre als Pfarrer in Alberta, beispielsweise von 1938 bis 1945 an der lutherischen Kirche St. Paul's in Edmonton[3] und von Präriegemeinden wie zuletzt in Barrhead ab 1955.[4] 1960 wechselte er als Seelsorger der deutschen Einwanderer nach British Columbia, zunächst nach Alberni.[5] 1964 gründete er in Vancouver die lutherische St. Mark's Kirche.[6] Seinen Lebensabend verbrachte Johannes Gnauck ab 1976 in Courtenay, wo er am 27. November 1995 verstorben ist.[7]

Der Vorname, der gleiche Berufsstand und die geographische Nähe von Otterstedt zu Altenwalda im Stift Bremen lassen vermuten, dass Johannes Gnauck ein Nachkomme jenes Johannes Gnauck gewesen sein könnte, der aus Bischofswerda kommend im 17. Jahrhundert im Bremer Land wirkte (ein Bruder von Paul Gnauck im Freiberger Raum).[8]

1 Gedenkstättenseite für Johannes Gustav Gerhard „John" Gnauck bei findagrave.com (mit Traueranzeige aus der Tagespresse)
2 Breklumer Seminaristen 1882–1914, 1919–1931
3 Gedenkstein auf canadianheadstones.ca
4 The Lutheran, 1955
5 The Lutheran, 1960
6 Deutschkanadisches Jahrbuch, 1986
7 Gedenkstättenseite für Johannes Gustav Gerhard „John" Gnauck bei findagrave.com (mit Traueranzeige aus der Tagespresse)
8 Michael Pusch, Christian Heckel: „Historische Beschreibung der Stadt Bischoffswerda". 1713

Die Gnaucks in Australien

Franz Gnauck wurde 1857[1] in Deutschland als Sohn von Carl Hermann Gnauck und Sophie geb. Benche geboren.[2] Nach seiner Immigration in Australien wurde er 1888 eingebürgert[3] und 1889 heiratete er Martina geb. Schmidt aus Sachsen.[4] In Brisbane betrieb Gnauck in der George Street ein Musikinstrumentengeschäft. Er führte Violinen, Akkordeons, Mandolinen und vor allem Pianos, die er auch stimmte und reparierte.[5] Die Instrumente importierte er von führenden Herstellern, beispielsweise Seiler in Liegnitz und Weber in den USA. Gnauck spendete für das örtliche Kinderhospital[6] und gehörte einer „Bowkett Society" an, die ihren Mitgliedern nach einem Losverfahren Kredite gewährte.[7] Am 8. Dezember 1922 ist Franz Gnauck gestorben.[8]

Die Familie Franz und Martina Gnauck hatte mehrere Kinder frühzeitig verloren.[9] Ihr einziger überlebender Sohn, Frank Hermann Gnauck (1893–1979), führte das väterliche Geschäft weiter und heiratete 1924 Gladys Dorothy geb. Redin aus einer englischstämmigen Familie.[10] Ihr Sohn William George Gnauck gehörte als Student dem Royal Queensland Aero Club an[11] und diente später im Vietnam-Krieg.[12] Dessen älterer Bruder, Frank Redin Gnauck, arbeitete im Range eines Abteilungsdirektors als „Delegate of the Minister of State for Territories and Local Government".[13] Zu seinem Aufgabenbereich gehörten beispielsweise die Naturparks.

1 Australia Cemetery Inscriptions, FamilySearch (errechnet)
2 Queensland government: Family history research service
3 Queensland Naturalization Index
4 German-Australian Aliens of Militarism, 9.9.2011
5 The Telegraph, 16.12.1913
6 The Telegraph, 26.6.1912
7 Brisbane Courier, 31.12.1902
8 Toowong Cemetery, Brisbane, findagrave.com
9 Toowong Cemetery, Brisbane, findagrave.com
10 Queensland government: Family history research service
11 The Courier Mail, 5.6.1950
12 The Nominal Roll of Vietnam Veterans, 1997
13 Government Gazette, 13.11.1984